U0011727

楊重源——著

一切都是剛剛好

——台東醫生在喜馬拉雅山塔須村的義診初心

目錄

推薦序

看到痛苦，無法克制自己，這就是慈悲

堪祖仁波切

二〇〇六年，楊醫師第一次到喜馬拉雅山上的塔須村。旅途漫長顛簸，當我們來到海拔超過四千公尺處之後，他開始出現高山症狀。有一天，他昏過去了，接連幾天，沒有醒來，我擔心之餘，心中自有盤算。然後，像奇蹟一般，第四天他忽然醒了！醒來的第一個反應，便是流著淚對我低吟：「仁波切，如果我死了，我媽媽怎麼辦？」

這就是楊醫師，心中只有別人，沒有自己。十幾年來，他始終沒有改變。

我來自不丹，上一世是塔須人。我回到塔須三次，雖然宗教可以撫慰他們的心靈，但是我無法醫治他們身體的疾病。認識楊醫師後，有一天，我問他：「你可以跟我上塔須，看看他們嗎？」楊醫師沒有回答。等到他答應我的那一天，他已經做好萬全的準備：好幾大箱的藥、好幾千根針灸用的針以及他母親的支持和祝福。

上塔須，第一年的確是因為我，但是第二年他又去，我並不知道，一直到他去了好多次，我才明白在那之後他每年都去。為什麼繼續去？去一個沒有人知道的地方？去一個路途險峻，甚至可能危及自己生命的渺遠國度？

因為慈悲，因為愛。愛，說起來容易，多少人真正做得到？愛是時間的投入、金錢的付出以及數不盡的心力。這麼多年來，楊醫師沒換過車，沒買房，仍住在爸爸辛苦賺錢積攢買下的老屋；極少請假，為的是把所有的假集中在每年要去塔須的那個月。能不能放棄你自己？這是有沒有愛的證明。

楊醫師尊我為上師，而今我發自內心、真誠地說：我忝為他的老師，我沒能教他什麼，反而是他教我，真正的慈悲是什麼？無私助人是什麼？楊醫師除了義診，也在塔須和印度贊助興學，當孩子們看到他，蜂擁向前，只見他滿臉喜悅，從未聽他說出希望孩子努力用功之類的話語。因為，他盡力做到他認為應該做的，之後的事，不在他心上。

貪心的人，看到利益，無法自已；相對的，慈悲的人，看到痛苦，也克制不了自己。一念之差，足以讓我們省思生而為人的意義。

楊醫師的慈悲，衍生出了許多善果。這幾年，有人跟他上塔須，有人聽聞他的故事，發願助人。今天他寫了這本書，我深信將會散播更多的善因，廣被人間。

我謹代表塔須所有村民，向楊醫師致上最高的敬意和最深的祝福。

推薦序

唯有愛

天主教私立聖十字架療養院修女　裴彩雲

You are someone only in so far as you are love,
and only what has turned to love in your life will be preserved.

唯有愛，讓我們成為今日之我，也唯有轉一切為愛，方是生命值得保守之物。

這是我常讀的書中，我最喜歡的一段話。也是楊醫師邀請我為他的書寫序時，馬上浮現心中的一段話。

一開始，我真的不知道自己有何榮幸受邀寫序，不斷推辭，是來台服務更久，已經長達五十多年的同工馬修女鼓勵我幫忙楊醫師，我才想到，當初楊醫師的上師堪祖仁波切邀他上西藏塔須時，他也曾猶豫，終因來自上天的召喚，讓他在隔年成行。這一點，不與當初我遠從家鄉奧地利來到台灣一樣嗎？

當時在瑞士學習的我，一心想要到非洲去服務，後來又以巴西為優先考量，所以當總會要我到台灣時，我的心是徬徨且微微不滿，甚至是抗拒的。我請求給我一天的時間考慮，那一天，我只做一件事，就是奮力的抹地，在那樣的專注中，我的心清明了、澄淨了，知道台灣是天主要我去的地方。

剛到台灣時，我先在輔仁大學學習至今對我來說，還是四音難分的中文，然後就接受本會院的指派，來到設有本會院醫療院所的台東關山。醫療院在民國七十九年慢慢轉型為療養機構，也就是現在的聖十字架療養院，我服務至今已經進入第三十四年。

回想起當時適應環境、氣候、人文和風俗的艱辛過程，我完全可以體會楊醫師初上塔須時的心情。當地居民種種的困乏，在書中已有詳述，到現在我已經可以習慣每年夏季開始，就會聽到他跟我說：「修女，我即將前往西藏義診，雖然我並非天主教徒，而是藏傳佛教弟子，但還是請您為我祈禱，讓我此行能夠順利平安。」

我怎麼會拒絕這樣的請求呢？想起我倆初識至今，也有十五年了，當時他任職於花蓮慈濟總院，因為是台東人，就自然的被派來關山慈濟醫院支援，而本院所提供的四十張病床所收容的病患，大多是身障者，還有部分因為新入住而不適應的精神障礙者，就算同在關山，也無法至關山慈濟醫院求診。

專業就是身心醫學科的楊醫師得知我們的困境，每週六定期來本院為住民看診及追蹤住民服藥情形，看到他熱忱用心的服務態度，讓本院能夠放心的將院民交託他負責，並且深深感謝天主為我們安排的這份福分。

大約過了兩年後，他離開了慈濟醫院，轉至台東馬偕醫院服務，原以為他會就此放棄在本院繼續服務，結果出乎我們的意外，一通電話打來問說：「裴修女，我還能在這繼續服務嗎？」沒想到他仍然持續關懷著本院住民，只是因路程關係，服務時間改為每月一次，不過幾乎是只要有空，他便會主動前來本院看診，深入了解院民的需求，每月不只一次。他對病患的用心及付出，我們衷心感謝，並讓我更加深入認識楊醫師，進而成為好朋友。也是直到這時期，我才知道他每年都會利用假期，獨自前往西藏塔須村做義診服務。

所以，我是天主教徒，他是藏傳佛教徒這件事，從來不曾成為隔閡，我的天主，他的菩薩，都是庇佑我們，能夠為人服務的倚賴。

我曾因車禍住院，當癒後能做起自己穿衣梳洗這類平常被視為理所當然的小事時，我想到的是，自己多麼的幸福！因為我不但能夠打理好自己，還能繼續服務他人，這是上帝所給予我莫大的恩典。常常有人問在這裡已經服務五十幾年的馬修女、勞修女，和已經三十幾年的我，什麼時候要回自己的家鄉？

我們的想法都一樣，那就是當有一天，我們更老了、病了，會成為台灣的負擔時，我們才會離開台灣這個我們所深愛的另一個家鄉。

楊醫師也是這樣想的，他說他把每年都能上塔須，視為老天爺的恩賜，只有身體、收入、家人、同事、氣候等等都允許的情況下，才能成就他這份圓滿。

我跟楊醫師一樣，從來不認為自己做的事情有多麼值得稱許，是信仰的倚賴，讓我們有了愛人的力量。

唯有愛，讓我們成為今日之我，也唯有轉一切為愛，方是生命值得保守之物。

願天主時時與他相偕，祝福他所做的每件事，更祝福他在愛的旅程中賜給他力量、智慧和健康，為更多需要的人服務，恩寵滿滿，喜樂滿滿。

推薦序

塔須或加爾各答？

馬偕紀念醫院院長
楊育正

二〇一三年三月，我第一次和楊重源醫師見面。當時，馬偕醫院董事長黃春生牧師和我都對楊醫師的故事極為感動，當天特別在馬偕台東分院約見他，除了給予嘉許，並問他的事工，是否需要醫院資源的挹注。因為，他的所為所行都符合耶穌基督愛的教導。楊醫師只以他一貫的平靜語氣說，他所付出的和他的感受都只是「剛剛好」。當時，我不能全然領會，看完他的書，我才知道「一切都是剛剛好」。

我是第一代基督徒，在馬偕紀念醫院二十四年後才受洗。我常說我是搭慢車到達的，在懇切尋求、深刻感受中，看盡一路上風雲變幻、山明水秀。我知道在信與不信之間是信心的跳躍，這是從零到壹，從沒有到有的過程；在這樣的變化以前，許多宗教信仰其實都有相同之處。接受信仰的過程，或漸修漸悟，或頓悟起修，或同體大悲，或道成肉身為人的罪在十字架上成了贖罪祭。雖有不同，其最終的核心只有一個，就是愛。

〈馬可福音〉12:30-31說：「**你要盡心、盡性、盡意、盡力，愛主祢的神，其次就是要愛人如己，再也沒有比這二條誡命更大的了。**」〈加拉太書〉5:14上也說：「**因為全部律法都包在愛人如己這句話之內了。**」

醫學期刊《*Lancet*》在二〇一三年一月有一篇台灣精神科界非常重要的論文，探討在一九九〇年到二〇一〇年間，台灣一般精神疾病的變遷，研究發現其盛行率從一九九〇年的一一．五%，到二〇一〇年明顯的增加為二三．八%。這二十年可以說是台灣經濟成長最顯著的階段，為什麼大家的精神壓力和更重要的幸福感，不但沒有進步，反而與我們追求的身心安適背道而馳？我們要到哪裡去才能找到真正身心安適的幸福？

楊醫師出身寒微，勤奮向學，成為身心科醫師，因此他能在醫學的服務以外更深刻體會別人的感受，並在無所求的服事中，領略付出以後最大的福分，就是自己身心安適的滿足。多年前，我曾看過一本書，書中提到追尋上帝的形象，經過一段師生間如蘇格拉底法（Socratic Method）的問答，作為學生的自己體悟到，上帝就是「能使我們免於憂傷痛苦、能使我們得到幸福快樂的上帝」，而老師的回應是「這是一個平衡和寧靜的境界，你必須自己去鍛鍊和學習」。

聖經〈雅各書〉2:20說：「**虛浮的人哪，你願意知道沒有行為的信心是死的嗎？**」

楊重源醫師說：「愛不是用來表現的，而是用來體現的。」他把夢築在雲端，卻又行出來！他在一次又一次的存款歸零中，其實就如〈箴言〉19:17所說，他已經把錢借給上帝。他帶著上山的愛心，一次比一次大。就如他帶去的藥品，從起初的八十公斤，到後來已經到了三百公斤。而楊醫師更真切的體現〈羅馬書〉13:8所說：「**凡事都不可虧欠人，惟有彼此相愛，要常以為虧欠，因為愛人的就完全了律法。**」楊醫師真是盡心、愛人、付出而猶常以為還有不足的體現者！

被稱為楊曼巴的楊醫師在書末也援引聖經〈馬太福音〉25:40所說：「**這些事你們既作在我這弟兄中一個最小的身上，就是作在我身上了。**」

你有聽過三毛作詞，齊豫唱的〈夢田〉嗎？歌詞說：「每個人心裡一畝一畝田，每個人心裡一個一個夢，一顆啊一顆種子，是我心裡的一畝田。用它來種什麼？用它來種什麼？種桃種李種春風……」你心中有夢嗎？你心中有田嗎？你願在心田中種什麼夢？心田中如何能種出春風？日本文學家遠藤周作在他《深河》一書中，描寫一位歷經落魄生涯的天主教神父，最終尋得的竟是在印度恆河邊，用愛背負垂死的印度教徒到恆河裡，依著能讓他們心安的方式，洗濯他們心靈上的罪惡。他說：「河流包容他們，流呀流地。人間之河，人間深河的悲哀，我也在其中。」

你看過《轉山》這本書嗎？書中長路漫漫、千里遠行，邊境流浪者謝旺霖也在物質十分匱乏的西藏偏鄉，在困頓的自我放逐和飄泊中求得心靈的肯定。

這一切都指向跳過物質中介，直取平衡寧靜，讓一切都能剛剛好。

有加爾各答聖人之稱的德蕾莎修女，教導那些期待到加爾各答去追隨她服事的人們：「來吧！讓我們發現自己的加爾各答。」

楊曼巴已經在塔須找到他的加爾各答，你我的塔須或加爾各答在哪裡？

自序一

三十

那年的我，三十。成功，信手拈來，卻也像手中的蒲公英，風來了，飄散的無影無蹤。失落地，只剩手中的花梗，只有自己一個人咀嚼著自己的失落。

那年的我，三十。只有一個人的旅行。一個行囊，裝著一顆沮喪的心。風起了，捎來了另一邊山頭眷戀的訊息。一張地圖，用輪迴殘缺的記憶當經緯，尋尋覓覓，殷殷盼盼，茫茫然的一顆心。

那年的我，三十。殷殷盼盼，尋尋覓覓。茫茫然的一顆心，只掛著一個人的味道。那時的你，幾歲？青春，烏黑長髮上的美麗，隨著你的長髮飄逸。風來了，綻放著屬於你的芬芳。

那年的我，三十。我不認識你，你也不認識我。你說，誓言是刻在藍天上的白雲，應該一起飛翔，應該一起奔馳，應該一起在我和你的天際線上。

那年的我，三十。喝下了孟婆湯的我和你，沒有了愛，也沒有了恨；沒有了我，也沒有了你；沒有了過去的過去，也沒有了曾經的曾經，只剩下依舊掛在心頭上的牽絆。

那年的我，三十。一個人遊蕩在漫漫天際線上，一個孤孤單單的影子，刻在白雲上的誓言，還在。我，還在。記得，那時你說：應該，一起飛翔；應該，一起奔馳；應該，一起回家……

靜下心，靜下來……手上有太多太多的工作押著我處理。所以在《一切都是剛剛好》（二〇一四年版）出版時，我忙到「忘」了寫一篇「自序」，然後，也就這樣付印出版了。而這次，再一次的提醒自己，應該把欠了五年的「自序」，好好交代一下了！

為什麼會去塔須？

甚至為什麼會出版《一切都是剛剛好》一書？

這些問題，常常出現在許多朋友間，而這些年來，好像也沒有特別認真地回答。

人世間，真的有那麼多所謂的「標準答案」嗎？

我記得三十歲那一年，準備第一次上塔須的時候，期待多於恐懼，更具體而言，也許是因為不了解真實的危險吧！

不知道塔須在什麼地方？不知道高山症發作的致死性？就一個很單純的邏輯，我想，老天爺一定會特別眷顧我吧！

是啊！老天爺一定會特別眷顧我的這個「理念」。大概是我這些年追逐夢想最大的勇氣吧！

而事實證明，老天爺真的是特別眷顧我這個「傻瓜」。不管遇到任何的挫折與困難，總是可以這麼自我鼓勵而撐過所有難關。可是如果再換個思考邏輯，人生如果再重新來過一次，我還會再上去塔須嗎？

我想，我可能真的會說「不」嗎……

如果不是老天爺對我眷顧帶來的幸運，說不一定第一次上山時的高山症，我可能早就嗚呼哀哉了……。即使幸運活下山了，應該也沒有那麼多莫名的勇氣再上山吧！

是啊！山上人家的生活真的非常辛苦。生病了，沒有醫師，沒有藥物，感覺連「希望」都沒有的「高山無醫村」。可是，像塔須這樣可憐的村莊應該很多很多，我一個這樣小小的咖，又能做什麼呢？即使心中有再多再多的不捨，回到真實生活的現實世界中，放在心中的那份不捨，應該在現實考量的考驗之下，就會像握在手上的冰塊一樣，慢慢地融化消失了……

只是不知道那時候回來台東工作生活的我，一顆心就卡在山上的那些悲慘故事。還是一樣可以生活，還是一樣可以工作，還是一樣地吃喝玩樂，還是一樣跟之前沒有上山一樣的我。

可是，就這樣三不五時想到山上的所有，就這樣一顆心「卡」在千里之遙的塔須。所以啊！你問我為什麼會再上塔須，其實，我也理不出個什麼頭緒來，其實，真的也沒有大家想像中的那麼複雜，也許，就是想念山上的藍天；也許，就是想念山上的白雲；也許，就是想念山上的草原；也許，不一定就是這樣簡單啊！就這樣莫名其妙地，一年，兩年，三年，四年……，如果還有其他邏輯的可能性，我想，也許就是這樣簡單吧。

不過說實在的，我真的還是比較喜歡沒有出書以前的狀態。沒有那麼多人認識我，沒有那麼多人知道我的故事，時間到了，我就簡簡單單地上山。就像山上老人家說的，當山上的雪融化了，當草綠了，花開了，楊曼巴就回來了

是啊！不管在台東的楊醫師，或者塔須的楊曼巴，我一直都是這樣簡簡單單的邏輯。夏天到了，就帶著行李上山。帶著山上人家需要的簡易藥包上山，不需要為任何人說明和負責，只需要計算一下自己的銀行帳戶，然後，就這樣簡簡單單，快快樂樂出

門。至於別人認同與否的問題，真的從來都不在我心頭上的考量，反正不求名，不求利，幹嘛去管別人怎麼想呢？

是啊！我一直都是這樣「傲慢」的邏輯，即使是現在的我，依舊是如此「傲慢」的堅持。所以現在的我還真的懷念「沒有知」的以前。自己默默的上山，然後自己默默的下山。不過就是做一件自己爽，自己喜歡的事。不過，越是簡單的邏輯，好像，越是不容易被別人所相信吧……

至於另一個「大哉問」，為什麼會出版《一切都是剛剛好》？

當然也是一個莫名奇妙的因緣啊。最早，是在朋友的建議下開始用「臉書」介紹我和塔須的故事。而臉書的使用，對於我這個3C白癡而言，真的是一個非常非常痛苦的開始！怎麼申請帳號，怎麼使用這個平台，然後最痛苦的事情，大家一定猜不出來——對我最痛苦的，就是如何一個字一個字地把文字「變」出來！只會拚字打字，再加上一口台灣國語的我，常常卡在唸的出來，可是拚不出來的白癡窘境，就這樣從一個字一個字，到生出一些短文來，按著上塔須時間序，也按著我的記憶去書寫。就這樣每天找時間記錄下記憶中曾經的故事，所以我一直覺得應該是「西藏」這兩個字吸引大家的注

意。畢竟我也沒有知名度，文字能力應該只是「還好」而已。

就這樣默默地寫了一些時間，慢慢地也因為臉書而增加了許多不同領域的朋友。當時在聯合報工作的李蕙君記者也因為我和塔須的故事而認識，甚至獲得全球華文文學星雲獎報導文學獎第二名。那時的我才好像有一點體認我和塔須的故事，好像不是自己一個人在「話虎爛」的事情，好像真的是一個有趣，甚至有「意義」的事。那時候開始有朋友建議我要不要考慮出書，我當時的第一個想法，出書？怎麼可能有出版社會出我的書；出書？怎麼可能有人會想買我的書啊，還是繼續按照自己的習慣，慢慢地繼續一個字一個字生出一些文章吧，其他的，就不要作暝夢了。

也許，就如書名一般，一切都是剛剛好。就這樣出了我生命中的第一本書了。

如果你還是問我為什麼會想出書呢？哈哈！這真的不是在我的人生預期之中，人生的許多事，我真的會是一個死個性，譬如當時決定回家鄉台東工作，譬如每一年回喜馬拉雅山，回塔須走走，我就是一個會堅持會努力去完成的固執個性。

不過對於生命中的許許多多事情啊！如果不小心遇到了，就是一種隨遇而安，一個不會太積極，有出版社不怕賠錢，那就當作生命中的一個美好經驗吧。

如果你問我，希望這本書可以帶給讀者怎麼樣的感受呢？

也許就是單純分享我要上塔須的一些感受吧！它不會是那成功人士的成功故事分享的邏輯（哈哈！因為我還不算是什麼成功人士），因為在整個過程中，我遇到很多的挫折與困難，當然也遇到更多是自己人性上的懶惰與自私，只是在過程中總是會出現那些剛剛好的鼓勵，就這樣「逼」著我不得不一步一步地走下去。我知道這樣的說法，太不熱血了，這樣，怎麼會有感動人心的賣點呢？我們的人生，充滿了太多「激勵人心」的故事，從小到大，那些所謂的激勵人心，真的比較像是「做」出來的劇本。我希望十年，二十年，三十年之後再看看自己的書不會有那種「不真實」的感覺，就像我知道現在這樣「粗糙」的文字，出版社應該會不知道怎麼拿捏，不知道該怎麼樣才能刊出一樣，是啊！我就是這樣真實又背骨的傻瓜。因為大部分時間的我，真的沒有那麼多時間去解釋這些「大哉問」。因為，小人物，小小咖的我，就真的只是做我可以做的事，做我願意做的事，做我喜歡做的事，做我自己覺得爽，有意義的事。

感謝這些日子協助我出版的朋友們，藉由平常我發自內心真誠感動的一句話，要感謝的人，太多了，那就感謝天吧！

自序二

四十

二十歲，追逐夢想，勇敢向前，不怕失敗。因為，失敗是下一次成功的養分。

三十歲，追逐夢想，還是勇敢向前，還是不怕失敗。失敗了，更是檢討著自己，檢討著夢想藍圖的可實踐性。

如今四十，追逐夢想，勇氣，依舊。背上扛著甜蜜的負擔，心卻開始害怕，擔心失敗的可能性。不過，我的心告訴我，不要擔心，不要害怕。

從二〇一四年到現在，時間真的過得好快啊！許多人好奇，這些年的我，在忙什麼呢？當然是依舊跟以前一模一樣的生活啊！不然，還能有什麼樣的改變呢？人生啊！有得忙，才是幸福啊！

三十歲的時候，上了塔須，原本計畫中應該準備好好過「醫生」的好日子，卻好似全部都亂了套似的，就這樣一年十一個月在後山台東當我的「楊醫師」，然後一年有一個月在喜馬拉雅山川藏塔須當我的「楊曼巴」。

對我而言，台東是我的家鄉。可是，塔須呢？它像是我心靈上的家鄉。我也總是跟大家開玩笑說，你們應該知道當「精神科醫師」是一個很「辛苦」的工作，每天有那麼多「負能量」的故事，當然每一年都要上山去「充充電」、「丟丟垃圾」啊！這樣，我才能又有滿滿的能量繼續回台東奮鬥努力！哈哈！這些年就用這樣「大帽子」的理由向醫院和同事請假上山。

其實對我而言，當夏天的時間快到了，我的內心就有一個聲音呼喊著我，孩子，夏天到了，回家去看看吧……

是的，對我而言，就是這樣一個呼喊我的力量。也許對於大部分的人而言，這樣的描述，真的是太「虛無飄渺」了。可是對於我而言，就是這樣一個真實的感受。即使這麼多年過去，夏天到了，心頭上呼喊我的那個聲音，依舊啊！只是二〇一三年出書之前，一個人就這樣靜靜地準備上山的所有，而出書之後的我，那時也因為《一切都是剛剛好》的因緣，成立了「社團法人台灣喀瑪國際慈善協會」。結合大家支持的資源，去做更有意義的事。但是對於道德感上有一定龜毛程度的我，真的又是一個心頭上的壓力。因為我知道這是許許多多認同我的朋友們的支持，而對我的重點是，他們不一定認識我，可是他們卻是如此支持我……。而這份「恩情」，使得我在這份志業的執行上，變得更加嚴謹更加龜毛。

而這些年在協會這個志業的工作上認識了許許多多的朋友，甚至進來協會協助我的朋友們，有些人因為我自己個性上的缺點，而來來去去。有些人因為我道德上龜毛的堅持，而來來去去。有些人因為和我對夢想的理解不同，而來來去去。也許也因為還有太多其他的原因，而來來去去……

不過，幸好阿母生給我一顆「很大粒」的良心，許多事情，該堅持的，不管什麼天大的理由，都應該繼續堅持！反正只要牢牢地踩在道德基礎線上，即使因此被人家討厭，我也要很機車、很龜毛地堅持下去。如果因為現實的殘酷而需要「假假」的調整自己和自己的夢想，我想，我應該不會喜歡這樣狀態的自己吧。我總是這樣「傲慢」地跟我的朋友分享，「我」和「我們故事」。我們，都不是一個「商品」！既然不是「商品」，你又要如何期待「我們」如何「調整」呢？

如果老天爺希望「我」和「我的故事」有怎麼樣的「角色」，老天爺就會為我們找到最好的「位置」。所以，我還是繼續「傲慢」地做我自己吧！我想，這樣傲慢加機車的個性一定得罪很多人吧，不過就像我的生命座右銘一樣，人生總要做一些別人覺得沒有利益，沒有意義，但是自己覺得很有利益，很有意義的事。再白話一點，人生總是要做一些沒有利益，但是自己很爽的事情啊！

不過，有時候這個傲慢的堅持，三不五時常常也是很挫折啊！尤其被別人誤解的時候，也真的是鬱卒沒人知啊！

不過，這也是考驗自己對自己的夢想堅持的決心！別人覺得沒有利益，可是自己決定要做的事，當然就是要自己鼓勵自己走下去啊！

這就是我，一直這樣堅持做自己的我。如果為了所謂的「夢想」而「折了腰」，這樣的我，應該會不快樂。這樣的夢想，我應該會走不下去，即使這樣的龜毛和堅持，會讓我在夢想實踐路途上走得很辛苦，我也寧願這樣的辛苦，也要繼續自己對生命的堅持。

或許對許多朋友而言，他們會覺得我太不知變通了，可是「變」得奇奇怪怪後的我……，那，還是我嗎？如果不是我了，還要這個夢想做什麼呢？因為我是夢想堅持下的「主人」，而不是被夢想奴役的「商品」啊！

二〇一六年，因為一些不可抗拒的因素，我們沮喪地暫停了塔須希望小學的協助，不過幸好當地政府接管了學校，同時也支付了學校的開支，所以人世間的事情，又要怎麼說幸與不幸呢？

不過也因為暫停了對希望小學的支助，我有更多時間專注在我完全熟悉的醫療站協助業務。記得那時候我的心中一直浮現一個問題，我幸運地遇見了塔須，塔須也幸運地遇見了我，也就這樣開啟了我和塔須簡易醫療站的故事。可是，整個喜馬拉雅山上，不是只有一個塔須村啊……，而其他沒有醫療的「高山無醫村」又是怎麼樣的情況呢？而我可以做什麼呢？而我還能做什麼呢？

三十歲時的我，忙碌著「塔須大夢」，漫長的十年光陰，我在喜馬拉雅山川藏塔須建立「簡易醫療站」，讓貧窮村民生病時有免費「簡易藥包」的治療，而不是像以前沒有醫師與醫療一樣。以前生病了，只有漫長無助又無奈的等待。現在，至少還有「楊曼巴」藥包的治療希望。一個小小藥包，不僅僅是一個治療的可能，更可能是一個貧窮村民活下去的希望。如果有機會，可以把這樣的「塔須經驗」複製到其他的「高山無醫村」，這樣是不是就可能可以幫助到更多的人呢？

而這個「問題」又再度困擾著我，就如同我第一次上塔須回台灣之後，對於貧窮村民沒有醫療的問題一樣，同樣地「卡」在我的心頭上。當然我也詢問了周邊許多的朋友，不過，大家最常給我的建議就是「量力而為」，可是我就會這樣很「直接」的回答，如果第一次上塔須的時候，我就先想到「量力而為」的話，那後來所發生的所有事情應該都不可能會發生吧！

當立即想到「量力而為」的當下，我知道個性上那脆弱和自私的部分，應該會不小心就被「放大」吧……，那曾經經歷的感動啊，應該只剩下生命中曾經出現片段的記憶吧。

就像我一直記得我在塔須希望小學看到一個藏人孩子寫下的未來希望卡，「我的願望是幫助很多人」。每一次看到這張照片，同時也是提醒自己，鼓勵自己，人因為夢想而實踐，也因為實踐而精彩。努力縮小「自私」那部分的自己，全力以赴地向夢想前進吧！

所以我在四十歲的時候，許了一個「夢想」，那時的我，如此寫著：

> 過了四十以後，開始慢慢了解「四十而不惑」的意義。知道自己「可以」做什麼，知道自己「應該」做什麼，知道自己「喜歡」做什麼。四十歲的夢想，不應該是憑空捏造的想像。四十歲的夢想，更不應該建立在虛無飄渺的美好。年輕時的夢想，即使失敗了，它仍然是下次成功的養分。而四十不惑的我，又有什麼夢想？

夢想，應該建立在現實世界中的可實踐性。

四十不惑的我，又許了一個小小的夢想。貪心的我，自大地許了一個「十年大夢」。

希望自己未來的人生日子裡，希望自己未來的生命計畫中，期許自己能再多一些些的能力，在喜馬拉雅山脈上貧窮的「高山無醫村」建立一個個的簡易醫療所，如同塔須村。就像「塔須村」的村民一樣，為村民提供免費「簡易藥包」的簡易醫療協助，讓他們生病時能得到一些些治療，而不是只有「等待」疾病帶來的痛苦，甚至殘忍無奈地等待著死亡的可能性。

如果一個村莊三千人，兩個村莊六千人，三個村莊九千人……，這不僅僅是一個數學加法的問題，更是一個救人的希望。希望能用「簡易藥包」最經濟的醫療協助，來協助高山無醫村的困境。

我人生的下一個夢想，下一個十年大夢，也許，癡人妄想。也許，遙遠不可行。

努力，前進。

請你們為我的小小夢想祝福，請你們為楊曼巴四十歲的十年大夢而祝福。

現在看到四十歲那時寫下的夢想，當時的我，是如何生出這些勇氣呢？如果你問我的話，也許，就是一個很單純的「捨不得」吧！再加上在塔須耗了我人生中最美好的十年青春。如果「塔須經驗」能不斷的「複製」出去，也許就能用相對經濟的方法來協助「高山無醫村」的困難，這樣，應該也是一個生命中不錯的經驗吧！

某個程度上，這就是我的「邏輯」，沒有什麼特別偉大的理由，也沒有什麼不可思議的因緣，做自己可以做的事，做自己應該做的事，做自己願意做的事，做自己喜歡做的事，做自己覺得爽，有意義的事。

請為楊曼巴四十歲的第二個人生大夢而加油。

forword

緣起

人生總要做一些別人覺得沒意義，但自己很有成就感的事

為什麼？

你這樣問我：為什麼？為什麼願意這麼做？

做什麼？我反問你。

果然問話只會引來更多的問話，我起了頭，你便開始滔滔不絕地問我：

為什麼自二〇〇六年起，到你我有緣結識的二〇一四年，九年間，我會八度遠赴西藏塔須，一個位於海拔四千五百公尺高處，連Google都不知道的小村落去？

為什麼我每年六至七月，都要從自己的收入當中，先提領二分之一，接著提領三分之二，甚至到後來，乾脆讓存款歸零，只為買藥上山一個月？

為什麼生於亞熱帶台灣的我，禁得起即使在每年上去的夏季雪融時節，日夜溫差仍大的自然環境？這時，夜間氣溫接近於攝氏零度，白天最高也才十度。每年有長達八個月冰封期，年平均氣溫在攝氏零下七度，最冷到攝氏零下四十五度。

為什麼年年都得忍受有如十萬支針扎頭的高山症、一個月不洗澡、天天以糌粑（zán bā：西藏的主要食品。把青稞炒熟，再磨成粗粉狀，以茶與酥油合拌而成）為食、沒廁所也無法玩樂，我還是願意上去？

為什麼面對一生真的可能只洗三次澡的婦女，長裙一撩，我彎腰下去看診，聞到那異味，可以眉頭不皺一下，而且這八年來，始終堅持不戴口罩？

為什麼買了藥上山義診還不夠，自二〇〇九年開始，還要再自掏腰包，負責當地學校六位老師的薪水；六個老師一個月的薪水是一萬五千元人民幣，換算成台幣，一個月可就要七萬五千元啊，為什麼？

為什麼？對了，要推得更遠的話，台東是大家公認的台灣偏鄉，為什麼我不留在南部、中部或者北部，尋求更多的發展機會，方便隨時接受更多的醫學新知，而願意回來服務？

既然回來了，為什麼我不專心服務台東鄉親，每年還要抽出一個月的時間，遠赴西藏，出錢出力照顧他鄉之人？

更讓人不解的是，為什麼我這出身貧戶的麵攤之子，好不容易考上了醫學院，好不容易以醫生之職讓全家經濟翻身，卻不繼續一路挺進，反而將大半薪水都拿去買藥救人，還幫忙當地的教育？

難道我的母親不反對？難道我的家人不會有怨言？難道我之前的情路波折，不曾讓我思考可能正是受了這件事影響？

為什麼？

為什麼啊……

請相信我，你不是第一個問我這些問題的人，而我也不是第一次細細思索這些問題，試圖給關心我的人答案。

但是，無論我如何努力，都找不到，或者至少，現在還給不出一個比較完整的答案；也許，是因為我心中，也有好多「為什麼」吧。

為什麼二〇〇五年仁波切回來台灣時問我：「你可以和我上山去嗎？」我可以在第一時間拒絕，但到了隔年，卻無法繼續狠下心來拒絕他？

為什麼劇烈頭痛記憶猶在，但每年六月雪一融，我還是會自動回去塔須，承受那嚴重的高山症，而每年都如仁波切所安慰的「回家就好了」，一到塔須寺院，便恢復正常，這無法理解的事物，該如何解釋？

為什麼同樣是「人」，台灣的老人求醫不難，塔須的老人卻僅能等待？我實在不解生命的「不公平」，而「公平」的定義又是什麼？

為什麼塔須生活如此貧窮困乏，塔須的村民卻如此樂觀知足？而身為醫師的我，許多時候只能惋惜，只能見苦，卻無力相救？

通常，到了這裡，我已經呈現「魂不守舍」的狀態，嚴重的時候，甚至連排尿都有困難。而上師堪祖仁波切總是跟我說：「回到家，就好了。」
明明是我特意選擇，自己的身體才承受得住的夏季，但高山依然白雪罩頂，實在無法想像冰封八個月的塔須。
從「我來了」到「我回來了」，二〇〇六年～二〇一三年，八年七度上山。二〇一四年，第八度圓夢。
我知道，我還是會再因高山症而生不如死，但我更清楚，我依然會毫不猶豫的踏上歸鄉回家路。

二〇〇六年上了趟塔須後，我不斷自問：我能為塔須做什麼？我應該為塔須做什麼？回到台灣，卻連跟上師堪祖仁波切商量都不敢，只能猶豫不決。為什麼內心深處分明有股力量在呼喚我回去，卻還是經常禁不起外在的誘惑、慾望、挫折和現實的考驗？

幸運的是，我這普通、平凡又懦弱的傢伙，有一個正統教育程度不高，卻充滿智慧的母親。她在隔年聽完我想要再上山的考量後，雖然猶豫了許久，眼裡盡是擔憂，卻沒有立刻反對，只說：我沒讀什麼書，給我幾天想想吧……

而說到台東，我的問題也不會比大家少。為什麼明明有需求，醫療卻長期不足？為什麼沒有醫生願意固定家訪出診，照顧無法親自到台東市區來就診的身心科病患？

還有身為曾經、甚至現在也還在接受外國醫護人員無私奉獻，全心照護的台東人，看到如今也有能力的子弟；也就是我，拿一年才一個月的年假到西藏去做同樣的事情，為什麼會心生質疑，要問我：自己的人都救不完了，為什麼還要跑去那裡救？

為什麼啊……

我發現，你問我的問題、我問我自己的問題，要回答，都好困難。

以前，我可能會直接說不知道，依舊日日埋首工作，依舊一到夏天就讓存款歸零，拿了我積存的年假，就遠渡重洋上山一個月。

現在，我會說，人生總要做一些別人覺得沒意義，但自己很爽、很有成就感的事，而每年能回塔須，就是我的夢想。

至於為什麼我會這樣想？

何妨請你，翻開書頁，是的，翻開書頁；伸出你的手，與我緊緊相握，邁開你的步伐，與我並肩而行，或許，這一路緩緩走去，我們能夠慢慢找到答案。

Chapter 1

第一章

因熱血開始的義診行

有人問我：「你可以和我上山去嗎？」

其實，所有的問題在問出來之前，都不是問題，也不需要解答，一如我所面對的你的關愛。

為什麼要去塔須？

原因可能很多，也可能根本沒有，不如，就讓我從頭說起。

一切緣起於仁波切的邀約

塔須之名，源自於塔須寺，全名是川藏甘孜地區蝦扎鄉塔須寺，也稱塔須村，位在距離我們實在遙遠的四千五百公尺高的喜馬拉雅山脊線上，屬於藏傳佛教格魯派寺院，寺院建於十八世紀初期，至今已有三百多年的歷史，名副其實的山高水遠。

那裡，有五百多戶人家。說五百，是以漢人獨立一家來算，要是用藏人習慣以一整個家族為一戶來說，就是兩百多戶人家，百分之九十五都是文盲；每年，有八個月時間冰封在攝氏零下四十度，最低溫可達零下四十五度。無法耕種，生活困苦。

零下四十五度究竟有多冷？我也不知道，因為光是二〇一三年的寒流來襲，池上曾經在某天清晨降到攝氏五．五度，就讓從車子裡踏出來的台東人，感覺像是走進了大冰櫃裡。零下四十五度，真的只能憑想像，也幸好只需要憑想像。

也有朋友問過我：「那麼冷，還一冷就是八個月，他們為什麼不搬家啊？」

我沒有回答他，心裡卻想著：搬家？那麼容易嗎？要搬到哪裡去？你家嗎？又不是在做二十四小時便利商店的廣告，還你家就是我家哩。

這五百多戶人家世世代代仰賴牧牛為生，根深柢固的地域觀念，縱然生活環境再艱苦，生活條件再簡陋，也從來不曾動過離開家鄉的念頭。

我清楚的記得，那是在二〇〇五年，我的上師堪祖仁波切跟我說：「你可以和我上山去嗎？」

上山？上什麼山？而仁波切又是什麼？

藏傳佛教僧人在三種情形下會被稱做仁波切，一是轉世高僧，也就是我們所熟知的活佛，並獲得認證；二是學問堪為世人楷模者；三是在這一世有很高修行的成就者。

堪祖仁波切是不丹人，與我之間的結緣經過，頗多奇妙與巧合，最早是受同為藏傳佛教的師姊之邀，供養仁波切，後來又因緣際會，隨他回家鄉不丹。但若要以宗教語言描述得更準確一些，應該說堪祖仁波切這一世是不丹人，一九七三年，在他年僅兩歲

雖然劇烈頭痛記憶猶在，但每年六月雪一融，我還是會自動回去塔須，承受那嚴重的高山症，連續十年……

時，即由當時不丹的第六十七任國師親自剃度，並且一路領受寧瑪派（即通稱紅教）和噶舉派（即通稱白教）的傳承。

「你可以和我上山去嗎？」

一九九九年，達賴喇嘛冥想入定，認證堪祖仁波切上一世是塔須的仁波切，屬黃教。對他而言，塔須的村民像他的子女一般，他一直思考能為村民做些什麼。

「你可以和我上山去嗎？」他這樣問我，眼中有著殷殷的期待。

開玩笑！

仁波切前世的家鄉，初來乍見，遠眺塔須，它果然如我原先想像的，甚至比我原先所想像的還要貧窮、困頓、骯髒……。但也讓我思索，所謂的「貧窮、困頓、骯髒」究竟是真實的存在，還是我的「比較心」所形成的印象呢？

我幾乎，是幾乎喔，沒有絲毫猶豫，立即斷然的一口拒絕。我有一千個理由不去，單一個高山症就令我卻步。

即便是上師的詢問，即便不用受過醫師訓練，我也知道海拔四千五百公尺意味著什麼，就是三個字：高山症。

我雖為藏傳佛教的弟子，卻也是一個平凡不過的人，說得更白一點，還是一個貪生怕死的傢伙。

關於塔須，你去查Google，問不出個所以然來；但一查高山症，它卻會清楚的跟你說：海拔兩千五百公尺，即可視為高海拔，人類常因氧氣濃度降低而出現急性症狀，嚴重時，甚至有致死的危險。

致·死·的·危·險。

二〇〇五年，我剛升上主治醫師，好日子才正要開始，看著塔須村的照片，只有兩個感想，第一，雖然太遠、太高、太髒，但真美；第二，實在太遠、太高、太髒，還是太遙遠，然後結論跟預防高山症最好的辦法一樣，就是：不要去！

就在我殘忍地拒絕仁波切的邀約時，我在他眼底看到了深沉的擔憂，感受到他心中對塔須的不捨與牽掛。

同樣的，仁波切也知道我的擔心，再也沒有跟我提起塔須的事。

只是，那一年，當他從塔須回來後，提到第一次回到塔須寺，舉辦了三天的法會，附近各地共有四萬多人來參加。當他要離開時，村民都哭得好難過，於是他更常想著能為塔須村民做些什麼。

關於上師的前世，有個這樣的淵源：塔須寺屬於西藏密宗的黃教，一九五八年中共揮軍入藏，塔須寺的住持那噶堪千仁波切被捕入獄而死。往生前，他答應村人，下一世他一定會回來。

於是在二〇〇五年，塔須村民終於等到了激動人心的時刻，紛紛帶著家當，從牧地遷徙到村中，在塔須寺四周紮營；在分隔近五十年後，他們終於等到了應允一定回來、已經經過認證、由那噶堪千仁波切乘願轉世再來的堪祖仁波切。

只因不捨

二〇〇六年，眼中同樣有著殷殷期待的他，又拿前一年問過的同一個問題來問我：

「你可以和我上山去嗎？」

「不」字絕對到了我的嘴邊，至少已經浮上喉頭，但抬起頭來，迎上的是他發自心底、掛念塔須的眼神。這一次，仁波切對眾生慈悲的眼神影像，就算還沒打敗，至少也已經和我心中的恐懼感打成平手，同時觸動了我去年才失去父親的痛處。

重病臥床的父親，其實也是我二〇〇五年拒絕仁波切邀約的原因之一。古有明訓：「父母在，不遠遊。」何況父親當時已來到生死交關處，如今，這個牽掛已然不在。

但是塔須依舊在那裡，跟過去幾千年一樣，一直都在那裡，仍然是我們玉山的一．五倍高，太遠、太高、太髒的現況依舊存在；距離塔須最近的醫院，仍然在一千公里、三天三夜路途之外；還有，一旦碰上，而且是一定會狹路相逢的高山症，應該還是有可能讓我很快就去見佛祖。但為什麼緊接著在心中浮現的，竟然是小時候讀過的北朝樂府

是什麼樣的力量，可以達到一呼百諾的回應？
堪祖仁波切「第一次」回家，漫長的等待，讓
塔須村民不辭辛勞，翻山越嶺前來迎接。在睽
違了半世紀以後，村民，終於等到了轉世後的
仁波切，前來團圓。

作者佚名的〈敕勒歌〉：**「敕勒川，陰山下，天似穹廬，籠蓋四野。天蒼蒼，野茫茫，風吹草低見牛羊。」**

網路上充斥著一大堆「這一輩子，你一定要去的一百個地方」，或者「五十個地方」、「三十個地方」、「二十個地方」，好吧，再怎麼精簡，也還有「十個地方」！塔須寺是個很窮、很窮的地方，但青康藏高原，絕對是從一百到十，仍然不會被刪掉的必遊之地。

於是，當仁波切眼底對塔須的牽掛與憐憫，讓我一時不察，心裡跟著充滿不捨，甚至捫心自問：「我真的能為塔須做什麼嗎？」的同時，旅遊網站上的強烈推薦，跟著在眼前閃爍：「這一生，一定要去藏區一回！」

就是很煽情、很灑狗血的那種廣告啊，想像中一個人對著全世界，大喊：「世界，我來了——」這個「了」，不但要拉長，還要出現不斷的回音，才有讓人起雞皮疙瘩的效果。

現在我來換上自己的背影，對著天際線大喊：「塔須，我來了——」這回「了」要拉長三倍，以示決心，加添壯烈。

第一次上塔須，同行的有我暱稱的「又心媽媽」，以及首度見面的西祝師父。
從印度過來相會陪伴的西祝師父，在二〇〇六年這一次上塔須後，就依堪祖仁波切的叮囑留了下來，成為對外，尤其是後來每年夏天，成為對我的主要聯絡人及翻譯。
他毫無遲疑的順服，給了飽受感動，卻不敢貿然承諾的我莫大的衝擊，也讓我有了更深的反省和觀照。

當作是一次特殊的旅行，就去玩吧！相信上師，陪著攀越巴顏喀拉山，到千里之遙的山上塔須吧！高山症？交給佛菩薩去處理。

演完了想像中的熱血劇，大聲說好是很爽快沒錯，接下來呢？「怎麼去？」可成了大哉問。

原來塔須不但太遠、太高，還太落後、對台灣人太不熟悉，預估要三到四天的一千多公里路程，根本沒有旅行社願意接這案子。或者應該說，根本沒有接過這種案子的經驗，不過收錢倒是收得很豪邁，就是「快二十萬台幣」的「有點多」，並清楚的說：「我們也不知道塔須在哪裡。」

欸！那要怎麼去？

簡單一句話：「問。」沒聽過路是長在嘴巴上，問出來的嗎？

就這樣，各有「應該」上塔須理由的堪祖仁波切、西祝師父和南投塔須佛學中心會長許又心女士帶著我這小小的醫師上路了；我也有個「應該」，就是以後「應該」沒機會再上塔須了，這次就當成回應堪祖仁波切的企盼，帶著藥物，陪著他們，去塔須旅行一次好了。

沒有人知道怎麼去的塔須村

這一趟旅程，與其說是擔心，還不如說是興奮，內心不時複誦：「天蒼蒼，野茫茫，風吹草低見牛羊。」

從桃園飛香港，香港飛上海，上海飛成都，成都休息一晚，隔天一早飛青海西寧，接著便是預估三到四天的車程了。我就像個孩子似的，心中除了興奮，還是興奮，因為我終於快要來到小時候讀書讀到的青康藏高原！

想來都覺全身熱血沸騰，不料眼前有更緊要的難題等待解決。之前的旅行社雖然都清楚的說了「我們也不知道塔須在哪裡」，但人難免心存僥倖，想說都到青海了，是「青康藏」的「青」了，在地旅行社好歹比台灣的旅行社熟悉地理位置吧？

結果，竟然還是找不到任何一家旅行社知道塔須的位置，也沒有旅行社願意接案載我們！這下如何是好？還是回頭拜託台灣旅行社朋友協助，再花了有點「小多」的費用，才有小旅行社願意接案承載。但，醜話先說在前頭：「我們也不太曉得塔須究竟在哪……」

沒關係，就沿途問路唄！旅行社的擔憂好像沒在我的腦袋裡生根，還能好整以暇地先行熟悉一下最新的地理知識。

話說青康藏高原古時泛指著大藏區，也就是青海、西康（康巴）和西藏（古稱拉撒）三大區；中共入藏後，廢了西康這個行政區，畫入附近其他省分行政區內，所以從一九九五年起，就改名為「青藏高原」。

啥米！看到這裡，不由得心頭一驚，青康藏變成青藏，果然我們在台灣讀的地理，根本早已成為歷史，不過藏人仍習慣用青海、康巴和拉撒三個在地名稱來區分。

高山症讓我從醫生變病人

上路了。

筆直的青藏公路及無邊草原的壯闊景致，令人心曠神怡，那好似找不到起點，又連到天邊也望不盡終點的筆直，讓我整個心胸都為之寬闊了起來。台灣台九線鹿野到關山那段號稱全國最長的直線道路，根本沒得比。回想當時，早忘了先前擔心的高山症，對於以往只能在課本中讀到的青康藏高原，只有興奮與好奇。

草原、氂牛、酥油茶；天珠、唐卡、天葬……，腦袋中全是對藏族文化的期待，眼前盡是腦中期待漸漸變成實景的景色，如何不興奮？

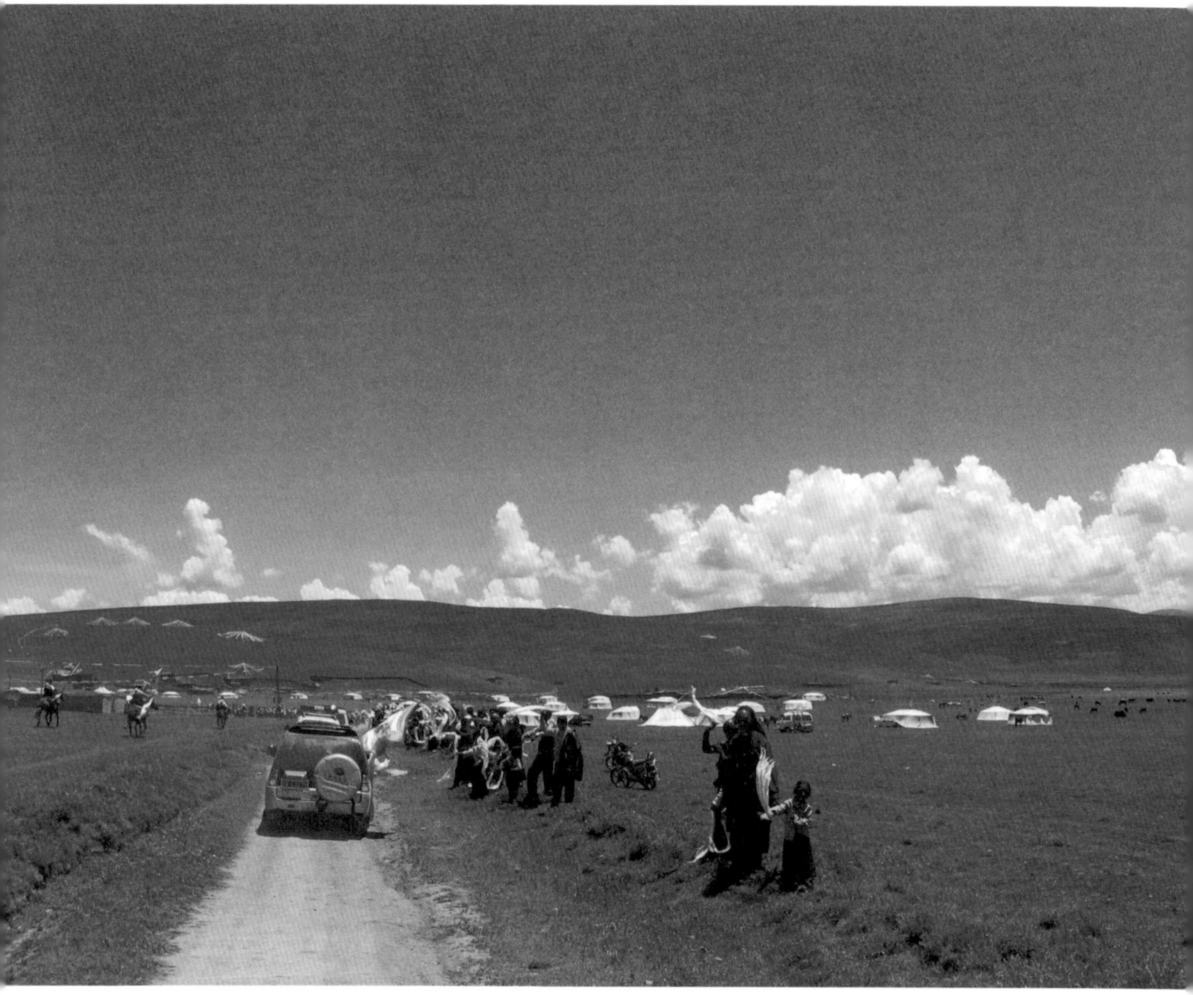

蔚藍晴空、飛騰白雲、青翠綠地，都不及夾道的藏民和滿布高原的營帳給我的感動，他們的笑容比陽光更為燦爛，當然不是因為初見的我，而是因為上師的再度前來。
而我的高山症，在「回家」以後，也果然都好了。

然而風花雪月終有盡，後來整理照片，我才發現一進入三千五百公尺高度，隨著筆直的柏油路慢慢變成彎彎曲曲的碎石子山路，我的行程彷彿進入一片空白，一張照片都沒有留下來，那是因為我的頭……好像愈來愈痛，好像有一萬支針從四面八方扎過來，我開始昏昏沉沉。

這美得讓人震撼驚豔的西藏，也美得讓人膽顫心驚，頭愈來愈緊、愈來愈痛，甚至是狂痛與劇痛，一萬支針慢慢增加為兩萬支、三萬支、五萬支……，這段上山的記憶開始變得斷斷續續、迷迷糊糊。

更驚人的是，當晚導遊竟然安排我們住在五千三百公尺高的地方。是的，從三千五變成五千三，可我已經沒有餘力來請教他這項安排是依照什麼根據，有什麼高深的意義嗎？難道是想下一劑猛藥，預留我適應塔須四千五百公尺的能力？

總之，我繼續讓十萬支針扎著頭，經歷劇烈的頭痛、噁心、嘔吐、昏迷，甚至毫無尿意，無法小解，終於知道什麼叫作「生不如死」。

前一刻還身為醫師的我，此時已經完全轉變成無助的病人，第一次感受到死亡如此接近，也第一次體會到何謂高山症；查來的資料中所說的嚴重危險症狀，在我身上好像全部發生了。

仁波切看我如此痛苦，安慰我說：「回家就好了。」回家？我好不容易一路轉機，從桃園飛香港、香港飛上海、上海飛成都，成都又飛青海西寧，而且打從下定決心要來一趟後，便立即準備前來塔須義診的各類藥品，因為對當地一切未知，便率性的自費購買近八十公斤藥品隨行，包括止痛藥、抗生素、藥膏及營養品等等；雖然是身心科醫師，但醫學院出身且兼具中醫執照及背景，好歹基礎醫學不成問題。

這樣大手筆的揮霍我的存款，這樣豪邁的一路挺進，現在我的上師居然要我回家！要不是頭上扎著十萬支針，跟遊魂根本沒什麼兩樣，一定好好的跟他理論一番。後來我才知道，仁波切所謂的「家」，是有村民列隊歡迎他——當然不是歡迎我這個「無知觀光客」，是歡迎他——的塔須村。

現實的狀況也實在是太神奇了，就在我進入塔須寺時，痛苦的高山症竟然一如仁波切所安慰的，還真的瞬間減緩許多，說得更誇張一些，是剎那間消失了。

看到山頭上因為佛事活動而搭滿的白色帳篷，心情很難形容，就是跟著激動起來，四萬多人分別從很遠的地方，聚集在這個山頭，那是一呼百應的信仰所帶來的力量。

我問我自己：每個人都有來這裡的理由，我應該也有吧？有嗎？

後來總有人說：「楊醫師，你前世，甚至是過去好幾世，應該住過塔須吧！」也許？應該？曾經？說不定我與塔須，真有一段「感動」的過去。這神奇的經驗與感受，是一個「美麗」的開始，是「愛」的進行式，確實種下我再回塔須的第一顆因緣種子。

塔須史上第一位醫生

問題化為種子埋在心中，但別說答案了，根本就是還來不及多想，隔天堪祖仁波切便告訴村民我是「曼巴」（藏語：醫師之意）。

除了傳統藏醫外，從來沒有醫師到過這個人口數最少近三千，最多可接近五千人的村落。換句話說，許多老人家根本一輩子沒看過「現代的西醫」。塔須物資缺乏，因為食物只能分配給未來要生產的年輕族人，許多老人根本就是半等死狀態，饑寒交迫下，經常捱不過冬天。

對西醫，老人不熟悉，年輕人則懷抱質疑，但信仰讓他們尊敬仁波切，所以寺院特別清出一間佛堂，充當診療室，診療便在村民好奇的眼光中，由藏語字彙只有「扎西德

鏡頭內是等著進法會現場的藏民，看似陽光燦爛，其實夏天的塔須，白天的平均溫度也只有攝氏十度。看著他們一身近乎襤褸，而手執相機的我卻是全副冬衣再加羽絨外套，對比強烈，也讓我內心的衝擊更甚。

勒」（藏語：感謝、吉祥如意之意）的我——楊曼巴展開。

雖然一開始來看診的，大部分都是老人及小孩，但這些年齡層的人數也不少，第一天即出現長龍。

身為「塔須史上第一位醫師」的「楊曼巴」，也沒時間思考人數的問題，許多病患急需診治病痛，我透過寺院師父，主要是西祝師父的協助翻譯溝通，從早上八點開始看診，中午連用餐都顯得匆促，稍事休息，下午兩點繼續看診至晚上八點。

每當我給藥時，可愛又單純的阿公阿嬤都會興奮地問，這是不是特別加持的甘露丸？從他們的表情就看得出來十之八九會捨不得吃，想要供在佛堂；最「嚇人」的是，他們還跟我行小禮拜。我只是個平凡人啊，該如何跟他們說無需如此，也不該如此呢？

塔須平時有一位，而且僅有一位略懂藏醫的六十多歲老喇嘛，小時候跟在一位老藏醫旁服侍過三個月；中共入藏不久後，老藏醫生病逝了，於是這當年的小喇嘛，今日的老喇嘛就守著過世老藏醫留下的老藥房。

老喇嘛是個可愛又固執的人，他總是對我說，他老了，也只學了一點點的藏藥常識，生病還是找寺院修法放生祈福比較有效，有好的福報，生病很快就會好；看病太貴、太浪費錢了。

村民顯然也都知道他的醫療觀，平常若覺得不舒服，會先求菩薩保佑，再難過些，才找他看病，而老喇嘛也總是那套修法祈福比較有效、病好得比較快的理論，於是一樣回到原點。

有這樣長久無醫的環境和背景，難怪塔須村民對「楊曼巴」及突然出現的專業醫學，存在著近乎如夢似幻的渴求及神奇感受。

世界的邊緣

在每日湧現的病患潮中，我帶上山的藥品沒幾天旋即告罄。憑藉專業，我很快發現塔須沒有台灣普遍存在的三高文明病，但老人家關節退化嚴重，小孩則多數營養不良。

村民告訴我，川藏最進步的診所在縣城小鎮，距離塔須騎馬約需三天——馬耶！不是搭車或者騎摩托車，那裡有位「大夫」，是護校（約等同台灣高中學歷畢業）的護士，曾在醫師身旁陪診過三年，然後就自動升格為大夫，「出師」掛牌服務。

塔須村民平均年收入約一千元人民幣，而這位大夫看診一次，收費就要近百元，我這邊說的，依然是人民幣，而不是台幣一百元。

聽到這麼昂貴的看診費，我對於藥方當然充滿好奇，是什麼樣的神藥？仔細看村民拿給我那位大夫開的藥，這可奇怪了，不管生什麼病，舉凡感冒、肚子痛、大病或小病，藥都一樣，全是抗生素！實在難以置信，而此時我的內心已是洶湧激盪，滿是疼痛與不捨。

我一邊看診，一邊慢慢地認識看不見邊界領域的塔須——每年長達八個月時間是冰封期，年平均氣溫在攝氏零下七度，最冷到零下四十五度；即使是我來的夏季，雪當然是融了，但日夜溫差仍大，一年中最好的季節在六到八月，入夜後接近零度，白天最高溫度也才十度。

而我，可是從冬天氣溫很難得才會低到十二、三度的台東來的啊！這樣的環境對老人和小孩尤其是考驗。老人家關節病變太嚴重，在遊牧民族的勞動社會中，他們又是食物分配的最下層；小孩則是「天公阿仔」，撐不撐得過寒冬，都看老天的安排。

當下我穿夾克，這些「天公阿仔」卻只有單薄的衣物，白天或許陽光燦爛，但風吹仍冷得刺骨，到後來，我才有一個雖傷感卻真實的感受——如果來年看不到哪位老人或小孩，絕對不要問他去哪裡了，就單純因為冬天太冷，他先離開了。

放眼望去，塔須村像樣的磚瓦建築少之又少，偶見一兩座方型建築，外觀殘破。當地環境惡劣、氣候寒冷，生活困苦的藏民們卻知足常樂，正席地而坐享受溫暖的陽光。

洗澡、上廁所成了大困擾

洗澡、上廁所這等生活常事，到了塔須，就變成了生活大事，甚至成了大問題、大困擾。關於洗澡這件事，我很早就看開了。塔須許多年邁的阿公、阿嬤這輩子都沒洗過澡，五、六十歲以上的中年人也很少洗澡，年輕人則都是趁著有機會到縣城時，才有可能花費二、三十元的人民幣上澡堂洗熱水澡。

如果我在塔須堅持要洗澡的話，因為是他們轉世的仁波切請上山的客人，又是曼巴，他們絕對願意動用好多、好多的人力從遠方提水來，然後再浪費好多、好多原本要留在冬天取暖用的氂牛糞煮熱水，那我豈不就像是在上演土皇帝劇碼一樣的折騰人，一樣的誇張！

我當然也可以學當地的年輕漢子到河邊洗澡，可夏天日間溫度不到十度的氣候下，洗完我大概也染上肺炎，無法再繼續看診，還要勞煩他們反過來照顧我了。

那到縣城洗澡呢？來回就要七個小時。少掉一天看診時間，倒不如下定決心一個月都不洗，回家再狠狠地洗個夠。

而「廁所」這文明空間，大概在二〇〇五年堪祖仁波切回塔須時，才第一次出現。

當時也僅是搭四根木頭、以花布做為簾幕的「超現實感廁所」，很通風，白天上廁所可以欣賞藍天白雲、晚上則可觀星論月。

那是只有尊貴的仁波切，或者外來的客人光臨才會重現江湖的設備，我實在不忍心、也不應該勞煩他們。塔須說是沒廁所，但也可以反過來說，整片廣大的草原，都是可供方便之處，這就叫作轉念。

但是……，對，但是。

但是那草，真的只長到腳踝處，低到就算無風，也可見犛牛，低到就算蹲下來了，也遮蔽不了光屁股，一開始還真有點不習慣。

我原本不是要來玩的嗎？不是來「風吹草低見牛羊」嗎？怎麼這草，都只到我的腳踝而已，不要說風吹草低了，就算要上個廁所，都擋不住啊！

來都來了，就「撩」下去吧！比起其他的震撼，這些實在不算什麼。

為什麼窮困，卻樂觀知足？

隨著每天的看診，隨著和每位塔須人的互動，我不斷地受到撞擊，然後思考，又受到撞擊，然後又繼續思考。

塔須的生活那樣貧窮困乏，令我震撼；塔須村民卻如此樂觀知足，讓我驚訝；村民生病時，通常只能等待，只能祈求佛菩薩的加持，這是受過現代醫學教育的我，覺得衝突之處；再來就是不捨，身為醫師的我，許多時候都只能惋惜，見苦，卻無法相救。

同樣是「人」，台灣的老人求醫不難，塔須的老人卻僅能等待？這樣「公平」嗎？

身為身心科醫師的我，只要一上診，面對的就是訴苦的人。每天總是有太多的人跟我述說他們的苦，這些苦，包括工作的苦、感情的苦、金錢的苦和疾病的苦；人生誠然有太多的苦，因為求不得是苦，失去是苦，最弔詭的是，得到了也是苦。在我看過的病友當中，有些真的什麼都有，卻很不快樂，一直抱怨生活很苦。

可是當我來到塔須，好像最苦的，是在我胸腔內跳動的這一顆心。看到村民貧乏困苦生活，苦；看到村民生病痛苦的身軀，苦；帶去的七、八十公斤藥物與物資，一下子就發光了，後來來的人拿不到藥，臉上難免失望，看得我心中更添落寞，也更苦。

其實晚來的人，竟往往是更需要藥的人，因為他們的年紀更大、行動更不便，所以才會來得比別人慢。

接著，奇妙的事情發生了，當我看到塔須的貧窮、苦難、困乏和沮喪，心中卻感受

最普通的塔須人家居生活。逐水草而居的關係和經濟的考量，帳篷，是塔須人最常見的「建築」。所有的家當，日常的生活，吃飯、睡覺，都在這一方帳內。

到他們的感恩、滿足、單純和善良。為什麼塔須居民什麼都沒有，讓我自以為看到了人世間的無奈與無助，他們卻從來不認為自己貧窮，可以展現出最多的喜悅與快樂，笑容當中不見一絲造作與勉強。

為什麼？想要找出這些「不公平」、「不平衡」的緣由，是種下我再回塔須的第二顆因緣種子。

這裡的人，只要生病，唯一能做的就是等待，名為等待奇蹟，等到的卻往往是死亡。我深刻的感受著塔須的苦，但我這平凡的傢伙，究竟能為塔須做什麼？又應該為塔須做什麼？

還在沉思當中，離別的日子已經來到，當成群送行的村民一大早就在門外等著，我的心開始焦慮，淚水早已在眼眶打轉。尤其是離開的那天，一條條哈達不斷的往我頸上掛，我所承受的所有壓力，終於潰決，全數化為淚水，我甚至用雙手蒙著臉，像個無助的孩子一樣，哭了一個多小時。心中只有一個掛念，不斷自問：我會再回來嗎？明年要再上來嗎？

我不斷的想起已經離去的父親，也不斷的想起促使我今年決心要回家鄉台東的主因——我的母親。這時的我，有太多的感動想分享，有太多的承諾想給予，有太多的情緒想抒發，有太多的事情想要再為塔須做，可是有一種恐懼，凌駕了這一切的「太多」。

那就是對於無常的恐懼。

首先是心念的無常。我怕自己一回到台灣，就遺忘了當下的這種感覺、撞擊；因此，即便已經有可能會再回來的感覺，卻什麼都不敢多說，深怕做不到，深怕未能信守承諾，深怕自己也成了感動很容易、行動很躊躇一族，甚至連對上師都不敢應允。

接著是健康的無常。做為醫生，豈會不知生命最是無常。人在這輪轉中，每每痛苦，都是因為執著，執著於情感，執著於過去，執著於現在，甚至未來過去，不可知的因果；我對塔須現在的情與未來的緣，誰知道是不是平行不相交的生命線？今世偶然相遇了，這宿世情緣，將刻印於我魂魄中過去累世的情感重新喚醒、醞釀與發酵，可是萬一明年我的身體突然有了變化，無法允許我再上山呢？

最後是現實的無常。這一趟上山，因為原先是抱著此生只來這麼一次的篤定，所以可以帶一堆藥品過來發放，如今眼見他們的貧乏，讓我想要付出更多，可是經濟是否允許？工作是否仍然這麼穩定？收入是否能隨資歷增加？學佛的人，不是該要練習讓自己的心平淡順緩嗎？怎麼我此刻如此波濤洶湧，無法好好省思？

無常勒住了我意欲開口的承諾，只能凝咽無語，只能繼續蒙著臉，任由淚水自指縫間濺落。

這熱淚，一點一滴的，從面頰滑落，流淌進我的胸膛，將我帶回到從前……

Chapter 2

第二章

從醫之路與義診初心

童年的貧窮，是我最大的財富！

在塔須的日子，看著來求醫的阿公阿嬤，我最常想起的人，是已經逝去的父親和在遠方的母親。

記憶中最長的一條路，是二〇〇五年阿爸即將離去的那天深夜。我永遠記得那個半夜，阿母打電話告訴我，阿爸在醫院快不行了。她原本要讓我睡到天亮，再告訴我阿爸的噩耗，因為捨不得我沒睡好，又擔心我開夜車回台東危險，卻也知道如果沒告訴我，我會遺憾一輩子，幾經考量後，還是打電話通知我。

當時在花蓮慈濟任職已經邁入第五年的我，回台東的路早已熟悉到不能再熟悉，可是，那晚熟悉的道路卻變得好遠又好陌生，好像永遠也到不了。

我捨不得阿母陪著阿爸，孤獨地在醫院等著我。我的心好急好急，也好苦好苦，腦海中則不斷地往回溯，往童年的深處回溯。

貧窮，讓我立志賺大錢

每個人回憶起童年時光，應該都會說那是最快樂的吧！最恣意快樂、最無憂無慮、最天真無邪的一段歲月，反正幾乎所有美好的形容詞都用上了，還不足以代表那回不去的慨嘆，最好配上遠目的神往表情。

我不一樣，對我來說，一想起就只是「不願記得的童年時光」。父親罹患糖尿病，母親辛苦擺攤賣麵賺取家計，扶養哥哥、我和妹妹。因為這樣的關係，我也最討厭週休假日、過年過節及寒暑假，恨不得一年三百六十五天，天天都上學；因為一到放假，我們不像其他小朋友可以出遊玩耍，反而得待在攤位上洗碗、切菜、端麵和招呼客人。

端麵尤其是項考驗，年紀小，力氣小，湯麵又重又燙，還沒端上桌前，如果打翻了，換來的絕對不是關心：「有沒有燙到？有沒有割傷？有沒有怎麼樣？」

永遠都是：「快點跟客人道歉，快點再過來端一碗去給客人。」

永遠都是挨罵，因為不但害家裡少賺一碗，還要賠上一碗麵的錢。

其實阿爸是我見過最聰明的人，他一直很努力，想要賺大錢給我們一家人用，但糖尿病的苦難，磨掉了他年輕的鬥志。

阿母常常跟我說：「辛苦人家的孩子要認命，如果不喜歡讀書，將來就去做粗工；能讀書的話，將來就能坐冷氣房內辦公賺錢。」

年幼的我實在怕死了做粗工、曬太陽的生活，決定乖乖讀書，以後才能「賺大錢」給母親花。

現在大家看到我身為醫生，總認為我一定從小就很會讀書，但我想，其實我只是比較幸運而已。

從至今猶是台東地區的明星小學東大附小畢業後，全班同學無論是原本就在學區內，或者想盡辦法將戶口遷入學區，幾乎全部都去讀市區那所明星國中，只有我一個人很特別地去讀另一所校風較為驃悍的國中。

「驃悍」意思是說，這所國中在每年六月畢業典禮便是恐怖時分，總會有老師「不小心」被畢業班學生蓋布袋的傳言流出。

國中三年，對我而言，是人生一段特別的青春，也是我人生的轉捩點。我所說的幸運是，這段求學期間的每一次考試，不管有沒有準備，我都很奇怪地考第一名，好像從來沒拿過第二名；不是因為我特別優秀，而是全班同學好似都忘了學校裡有讀書與考試這兩件應該是最重要的事。

渾渾噩噩當中，後來有段時間，我都刻意忘掉這段不應該屬於我的青春。

所有的成年人都知道，在青少年那段荷爾蒙主宰一切的成長階段，太特立獨行是需要莫大的毅力，甚至是要付出代價的。所以有段時間，我也不知不覺、半推半就的隨波逐流。

一場火，燒斷了我的童年回憶。
火災，到底是在哪一年發生的？我已經沒有記憶，只能從斷層的留影去推測，從火場中倖存下來的阿爸阿母訂婚照，四周還有火痕，我抱著大同寶寶坐在拉風摩托車上，或者被阿母懷抱在她娘家鹿野的重要地標——鹿鳴橋前，笑咪咪的幸福模樣，都成了僅餘的幾張珍貴照片。
從此，家沒了，身外之物沒了，出外遊樂的餘裕沒了，開始了捉襟見肘的貧窮生活。沒有童年的照片，是因為我們連三餐都成問題，哪裡買得起算是奢侈品的照相機？
因為年紀太小而沒有記憶的那場火災，硬生生的成了我們這個小家庭從小康到貧困的分水嶺。

記得第一次蹺課，膽顫心驚地四顧環望，陪著同學去打電動，陪著同學去打撞球，陪著同學去拉BAR，看著同學霸凌同學，有時自己也被霸凌。抽菸、嚼檳榔、喝酒、打架、逃學、作弊，隨時都會出現在我們班上，好似正常生活般每天上演。

我和我的同學們，都是經濟弱勢家庭的孩子，書本上寫的那種「溫暖的家庭」和「上進的故事」，對我們這群窮孩子而言，有時竟顯得那般遙遠，遙遠到彷彿只是教科書編造出來的美好童話故事，太虛擬也太不可思議。

我印象尤其深刻的是，國三下學期，某天一大早六點多，一個原住民隔代教養的女同學突然敲開我家的門，哭著想跟我借五百元，好買火車票離家出走。她聽說她阿伯要把她賣到特種行業，為家裡多掙一點錢；她說她嚇死了，也沒什麼人能商量討論。

看著在晨光中哭到全身顫抖的她，浮現在我腦海中的，卻是深夜時分，經常會出現在我家麵攤那些濃妝豔抹的「大姊姊」。她們的衣著打扮絕對不算正經，身上的味道總是菸酒多過於脂粉，默默地來，大剌剌的動作，顧不得寒暄，狼吞虎嚥的吃完麵、喝完湯，又匆匆離去。

做著小生意的阿母，對於她們總是特別「隨意」，零頭可以不拿，臨時賒帳也沒關係。剛開始我會好奇的詢問，阿母總是說：「攏是艱苦人，囝仔人有耳無嘴，不要亂問啦，人家還趕著回去做生意。」

久而久之，當然也就懂了。現在我這同學要被「賣」去做的，就是這種生意嗎？我怎麼能見死不救？

但是，我又該如何拔刀相助？五百元對我而言，是一筆很大的數字，當時我身上只有存了半個月的零用錢兩百元，而且我有好多想買的東西，就靠這兩百元了。但捨不得她悲慘的遭遇，牙一咬，還是忍痛給了她。那天之後，我就再沒看到她，也沒了她的消息。

這樣的故事，對當時只是國中生、應該單純的我，也好似不只發生一、兩次而已，之所以會特別記得這一則，應該是印象特別深刻的關係。

母親的愛撐起我們的家

所以，我總是說我比較幸運，莫名其妙地走過那段狂飆的青春，主要還是感謝阿母那時無悔的疼愛，無怨的陪伴，無盡的鼓勵，偶爾的威脅，乍現的恐嚇，讓我能幸運地

高二那一年，阿爸失明，大二那一年，阿爸開始洗腎。

父母生病，絕對是兒女身心的重擔，是我偉大的阿母，發揮了她堅韌的母性，撐起了這個家。她曾經是個承受家暴的婦女，曾經為了家計而被人譏為「錢嫂」，可是這些她都忍下來了。阿母一邊悉心照顧阿爸，鼓勵他走到戶外，一邊叮嚀我們各盡本分，好好讀書，是她的堅強，讓向來火爆的父親有了大轉變，是她的用心，讓我這個曾經說：「今天我考上大學，踏出台東，就再也不要回來了！」的兒子，看到了她點點滴滴的重塑父親的尊嚴，看到了她寸寸縷縷的修補我們和阿爸的關係，讓我在物資極度缺乏的醫學院求學期間，至少沒有被心上的重擔壓垮，還能偶爾露出強顏的歡笑。

度過那段混亂的歲月。

阿爸「好像」也是在我國三的時候，因為糖尿病引發視網膜病變而雙目失明，……還是高一呢？我已經不記得確切的時間了。或許，痛苦的記憶總是讓人想要「不小心」忘記它確切發生的時間，再說十五、六歲的年紀，也實在懵懂了些。

總之從那之後，整個家庭所有成員的生活，都開始變了調，或者說，好像少了「顏色」，也可以形容成，家庭表面看還是完整，但是太陽的角度，就是偏了那麼一點點，讓陽光不再完整燦爛。

阿爸年輕即罹患糖尿病，當年家中小孩都還年幼，家貧沒錢好好醫治，加上沒有正確的治療觀念，僅就著草藥偏方食療，然後等待奇蹟。

但是奇蹟並沒有出現。一直努力想要讓家裡過得好一些，拚命動腦筋研究各種投資管道的阿爸失明以後，脾氣變得極度暴躁，像隨時都會著了火般的易怒。

沒有人知道，其實阿爸的失明曾經讓我偷偷地鬆了一口氣。因為我知道，從此刻開始，他所有的生活起居，都需要家人全程的協助與幫忙，再不會亂投資了，即便他的投資，都是為了讓家人可以過「好日子」。

因此，我們雖然沒了一夕致富的機會，但至少不用再提心吊膽過日子，不用擔心這個月家裡擠得出一點錢來，可以讓我補習，但下個月可能又要面臨斷炊。

這之後，阿母用她所有的愛，陪著阿爸重新適應人生，調整生活方式，讓阿爸可以自己「摸」著去洗澡，幫忙做家事，甚至可以開朗地與阿母外出散步運動。

但是，疾病的苦難並沒有在阿爸失明之後，停下折磨的腳步，幾年後，阿爸開始洗腎，然後罹患狹心症，進行心導管手術裝支架，後來又因心血管病變而截肢。

那幾年，阿爸總跟我開玩笑，都說是因為擔心他「憨慢」的醫師兒子無法當個好醫師，乾脆自己就先當個稱職的病人來讓我體驗、感受和練習，只是啊，阿爸……

我在趕回台東的路上，心中狂吼著：阿爸，原諒我，原諒我這個憨慢的兒子，當了太久太久的病患家屬，即使我現在已是醫生，已經減輕了許多人身心上的痛苦，卻在解您之苦這件事上，無法著墨更多。

好不容易，終於看到醫院了，我匆匆趕進病房，緊緊抱著阿母，她跟我說的第一句話，竟然是：「對不起，我沒有好好照顧你們的阿爸……」

我聽得心好痛好痛，覺得自己既對不起阿爸，在他最後需要我的時候，沒有隨侍身旁，更對不起阿母，讓她一個人獨自面對這樣的孤單情境。

貧窮，才是我最大的財富

小時候那像座山，擔起了阿母與我們一家人生計的阿爸，如今躺在病床上，是那樣的單薄。我跟阿母說：「媽，我們回家吧，帶阿爸回家。」

往事歷歷，如在眼前。回到家後，阿爸猶自放心不下，我實在捨不得看他如此辛苦，即便萬般不捨，仍跟他說：「阿爸，您放心地隨菩薩去吧，我會照顧好阿母。」

他依然戀戀不捨，於是我明白了，我堅定地向他保證：「阿爸，您放心，我會照顧好妹妹，照顧好哥哥，照顧好整個家。」

淚水自阿爸緊閉的眼皮，沿著頰邊而下，然後他終於放心地拔苦得樂，再也不受病痛束縛了。

我跪下，哀哀哭泣，我的阿爸楊明修啊，從此，我再也尋不到父親這座山可依賴，從此，我得讓自己成為家人的依靠了。

既然答應阿爸我會照顧好阿母、妹妹、哥哥和整個家，我就要說到做到。首先，我們分產。

對啊，就算不是大戶人家，也還是有家產要分配的。我的想法很簡單，分產，就是

生老病死，向來是人人要面對的大難題，就算是醫生，不，應該說因為是醫生，接觸死亡的距離，向來比任何人都要近，次數也更多。

與堪祖仁波切結緣，不但讓我長期迷惘的心安頓下來，也為我親愛的家人開啟了新頁，失明的阿爸，憂心的阿母和我們三兄妹，從此安心。

分自己最需要、並讓家庭成員都開心的有形與無形之產。

雖然阿爸在生之時，努力要讓家人過好日子，但一般來說，我們還是貧戶，我也曾怨恨過貧窮，卻在成長的歲月中，漸漸明白到，貧窮，其實是我最大的財富。

因為貧窮，對於弱勢，我有的是同理心，而不是同情心。手足之間，更沒有高下之分，我們三人各有長項，也各有所需。

哥哥已經結婚，房地產給哥哥，讓他們即便人在他鄉，也能有「永遠有老家可回」的安心感；妹妹將來是要嫁人的，所以現金等財物給妹妹傍身，以後直接當嫁妝之一，是娘家給她的照應。「母親」這份珍寶則由我來照顧。

三分天下，各取所需。我們都得到了最需要與最珍愛的財產，三兄妹都開心，相信阿爸和阿母也都歡喜。

選擇最接近死亡的行業

從小，我對死亡就有很多感觸，高中時，外婆過世對我的衝擊最大，當時我覺得，人生好苦、好苦，而別離尤其是苦中之苦，到底要如何面對、接受，甚至是解決分離的苦痛呢？

有個很喜歡看書的朋友跟我說，在台灣翻譯成《流氓俠醫》的那套日本漫畫中，那位於新宿執業，專門照顧中下階層的主角這麼定義自己的職業：「所謂醫生，就是最接近死亡的一門行業。」

解不開心中對生離死別疑惑的我，竟然選了一門最接近死亡的行業？

但其實，與其說我選擇了這個行業，還不如說是這個行業選擇了我，或者說，是現實、是生活讓我選擇了這個科系。

雖說從小過慣窮日子，但讓我第一次怨恨貧窮，卻是大學聯考成績單寄到家時。猶記得高中時我曾經問老師：「讀哪一個科系，可以讓我最快賺到最多的錢？」

他說：「醫學院，將來當醫生，賺錢最多也最快，可是，也是最難考上的科系之一。」

阿爸的病絕非我後來當上醫生的原因，至少不是主要的原因。真正促使我拚命認真念書考試的動力，是想要幫助家裡脫貧；我知道，只有教育，才有機會幫助像我這樣的窮小孩翻身。

萬萬沒想到，當大學入學考試的成績單寄到家時，阿母卻跟我商量，是不是讀師範大學好了？

「醫學院，光一個學期的學雜費就要七萬多，」她憂心忡忡，完全沒有兒子考上醫學院的喜悅，「要好多、好多錢。」

不，不只是好多、好多錢，一學期七萬多，根本就是一個毀滅希望的天文數字。

為什麼會這樣？別人家接到這樣的成績單，不是該放鞭炮貼紅榜嗎？父母不是該額手稱慶，歡天喜地嗎？親人不是該上門道賀，與有榮焉嗎？就算不是台大醫學院，但中國醫藥大學醫學院，一樣能夠將我栽培成賺很多錢的醫生，不是嗎？

那是我第一次嘗到怨恨的滋味，我好恨好恨，恨那叫做「貧窮」的野獸，始終蹲踞在一旁，如一頭捉了老鼠卻不忙著吃掉的貓，作弄了全家人這麼多年還不算，現在又要吞掉我的未來，誇張一點的說，甚至是全家的希望！

或許貧苦人家的孩子必須向現實妥協，對命運低頭，壓下對未來生活追求的滿腔熱血，我都要對著跟我一樣無奈，甚至還背負了無力栽培孩子的愧疚的母親點頭了……

「不行！」當年我的高中老師陳順和堅定地說：「絕對不能放棄，放棄，就輸了！知道嗎？重源，放棄，就輸了。」

老師說他要陪我一起想辦法，說什麼都不願意看到我放棄醫學院，甚至幫忙籌到了第一學期的學雜費。

我就在母親的擔憂中、老師的幫助下，邁出了我接受醫學教育與訓練，以成為醫生為目標的第一步。

半工半讀從醫學院學業

大學生活的刻苦可想而知，除了第一學期外，接下來六年半的求學生活，都靠著獎學金及半工半讀維持，三餐多半選擇吃便宜而多樣的自助餐；總是等到用餐尖峰時段過了，才到餐廳，此時菜色雖不多，但相對便宜。

直到某天，我才發現，不管我夾多少菜、多少肉，很奇怪，價格都不會超過五十元。原來有位阿姨知道我家境不好，私底下與自助餐老闆協商，只要我去用餐，算帳一律以五十元為上限，多出的價差則由她支付。

我很感謝這位阿姨默默資助的愛心，但在知道真相的同時，我雖感動，卻也漲紅了臉。是，我害羞，覺得不好意思；是，我還是有我的原則，愛惜面子；因自覺還不起這份恩情，從此便不再去那間自助餐店了。

我的生活費總是必須算了又算，就連偶爾生了病，也只能像家中的父親一樣，等待身體自己好起來，因為我沒有看病的錢。有時我都覺得自己在讀的好像不是醫學院，而是必須精算各項花費的會計系或者經濟系了。

在那個電腦已經慢慢普及的時代，我當然是……沒有電腦的，我也沒有醫學院學生應有的顯微鏡。

窮則變，變則通。報告別人用電腦打，我用筆寫。問我理由？我字漂亮，我喜歡書寫的感覺。觀察病理細胞等等，同學白天用的顯微鏡，晚上借我使用，理由？我需要的睡眠少，我喜歡在晚上和這些在載玻片上不會說話的醫學好夥伴相處，培養感情。

學習如此，休閒也如此。當同學們享受著大學生涯的另兩個學分——社團和愛情，參與滋養這兩項學分的聯誼活動和約會出遊時，我總是缺席，理由？我對這類活動沒有興趣，我喜歡鑽研宗教和哲學。

關於鑽研宗教和哲學，倒是有一大半的真實性，並非完全是藉口。因為外婆的離去、生活的困頓、父親的病痛，讓我覺得人生好苦，到底這苦要如何解脫？

所以，求學時期除了西醫該學習的本科，我又多學了中醫，日後擁有中西醫雙執照之外，我還大量閱讀各宗教的經典，尋求能夠與我起共鳴，讓我信服及倚賴的信仰。

醫學院七年，就在這樣半工半讀的狀況下，幸運畢業了。

這個人「今生最後的證明」

在擔任實習醫師時，我最怕的，就是醫院總機廣播著某某床急救的代號，害怕的倒不是急救過程的壓力與辛苦，而是要宣布死亡事實時的無奈。

死亡證明書是一個人生命結束的證明，上面會登記一個人的名字和其他基本資料，以及死亡病因。這些全部要由醫師處理，換個角度想，也就是要由一個專業的陌生人蓋上醫師章，再蓋上醫院大印，證明一個人已經死亡的事實。

到此，一個人就真的、確實離開了這個世界。這個人，死亡了。還記得以前醫學院老師總是特別提醒：「你們將來開立死亡證明書時，一定要特別小心、謹慎和注意，因為那是這個人『今生最後的證件』。」

剛聽時，還沒那麼深刻的印象，一旦真的要開立，才知那張證明書有多麼沉重。或許在死神面前，我一直是個懦弱的孩子，無法像其他同學、學長、老師們一樣，客觀地為病患與死神周旋，理性地為病患爭取呼吸喘息的時間。

「我能為你們做的，就是照顧好你們爸爸，你們能為我做的，就是負責照顧好自己。」是阿母在我即將出門上大學前，給我的叮嚀。

而這，也就是她唯一給我的了。

那一天，我先搭火車到嘉義，再從嘉義搭公車到北港，因為台東實在太遠了，到北港的時候，學校派出的接駁車已經收班，沒有自家汽車接送，沒有錢搭計程車，我就揹著包括牙膏牙刷都從台東帶去的行李，還有棉被，走了一個多小時的路，才來到了學校。

七年後，我請阿母來參加我的畢業典禮。阿母說，阿爸一週洗腎三次，無法出遠門，當時我想，那我也不要參加畢業典禮算了，沒有家人分享的喜悅，根本不算快樂。

萬萬想不到的是，哥哥遠從台東帶著彼時尚是他女友的「未來嫂嫂」現身，真是莫大的驚喜！兄嫂代表父母，讓我笑得比誰都燦爛。

害怕死亡這個問題，一直讓我滿挫折的，但一個人的死亡就代表著生命的句點，不只是不再呼吸心跳，而是宣告他已經完完全全的離開這個人世間。面對無法康復的病患，我，經常無能為力；面對已成既定事實的死亡，我，更是不知所措。

當然，我也曾經想過要當外科醫師，但因為出過小車禍傷到了腿，我發現後遺症是自己無法久站，如果勉強，只會傷害到患者，連累到同事；又因為不想直接面對死亡，所以選擇了不用直接處理死亡的身心（精神）科。

當然，當時始料未及的是，選擇了身心（精神）科，確實少了直接面對疾病導致的死亡議題，更常面臨的，卻是病患時時挑戰死神的底線。

父親離世給我的功課

當初畢業，我計畫服完兵役後，就可以開始賺錢回饋家裡了，所以並沒有積極尋找可任職的醫院，等到發現那場讓我當不成外科醫師的車禍，不但傷到了腿，還傷到了脊椎，甚至連無法久站的主要原因可能也是脊椎。這後遺症讓我不用服兵役後，面臨幾乎無處可去的困境。

如果經濟情況許可，我或許還可以慢慢尋找適合的職場，但是我已經從醫學院畢業了，也考取了醫師執照，必須馬上投入職場，於是哪裡有空缺需要我，我就去哪裡。

我執醫的第一站，便來到了南投草屯療養院，從二〇〇〇年夏天到二〇〇二年春天，我在這個山城學習，開始了我的職業生涯。二〇〇二年之後，我轉任花蓮慈濟醫院，薪水比在南投時少了一半，但因為這裡是教學醫院，讓我可以不斷地吸收醫學新知，最重要的是離家近，我有更多時間、更加方便回台東看我親愛的父母。

直到這條歸鄉路，成了我奔喪的斷腸路。

曾子論孝說：「大孝尊親，其次不辱，其下奉養。」更有人進一步的說：「小孝尊親，大孝顯親。」奉養，在古聖先賢的標準裡，不過排名第三。在成為醫生之後的那幾年，不管阿爸需要多高的醫藥費用、多先進的醫療方式，我總盡己所能的為他打算，但終究敵不過自然的法則。看到阿母因為阿爸的離去，幾乎哭斷了腸，我知道我的心絕對無法再次承受同樣的撕裂傷痛，所以在阿爸臨終前的承諾，絕對不是一種要他放心放手的空言而已。我決定，回台東，回家。

往後，我願以一生善心善念善行來榮耀父親，也願以一生善心善念善行來孝順母親，儘管，當時的我還不曉得屬於我的善心善念善行是什麼？而且，還在同一年裡，拒絕了我的上師堪祖仁波切希望我一起上塔須的邀約。

隔年，堪祖仁波切再度邀約我上山。這一次，或許是經歷父喪才短短一年的我，對人世的情緣流轉有了更深的體驗，因而看到了他眼中的悲憐，所以我答應了。

而在塔須山上的日子裡，我最常想到的就是父親，他的身影，總和眼前的阿公阿嬤重疊；當地雖然沒有三高的文明病，但酷寒的天氣和營養不良卻嚴重影響著老人家的健康，威脅著他們的生命，關節嚴重病變，讓他們生活得很沒有品質。

「楊醫師，那裡沒有三高文明病，那有沒有你專業領域的精神疾病呢？」

有人這樣問過我。

其實有的，但是就如同我們要先餵飽肚子，才能去思考要不要吃得更好、更健康一樣，身心科的照顧，總是會排在比較後面一點，而在塔須，若有罹患精神重症，好比說是精神分裂者，到了冬天，可能就會因沒有病識感，或者沒有現實感，走出了住家或者帳篷，因而凍死。

在生活條件最原始的地方，就連生而為人，也逃不過「物競天擇」這最基本的動物法則。在面臨離別的那一刻，在我哭得像個孩子的那一刻，我好像又回到了阿爸臨終

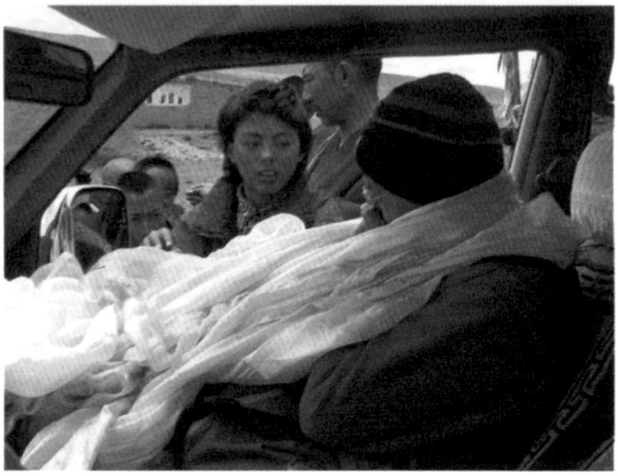

二〇〇七年，仁波切無法上塔須，我得自己一個人上去。
雖有朋友相陪，但我還是滿心忐忑，雖說出錢出力，但這一切，會不會只是我的一廂情願？這樣的擔憂，在看到草原上列隊等候的塔須人時，才真正消散了。

等到離別時刻來臨，我的「一個人」心情再度湧現。面對無常，我夠堅定嗎？面對孤單，我夠堅強嗎？面對質疑，我夠坦然嗎？面對困難，我夠持續嗎？
一個人，到底能走多遠的路？

前。阿爸已遠去，我已經無法再為他做什麼，但眼前的塔須老人都還在，為什麼我仍是無能為力？

不做殘忍的慈悲者

藥品早已經全數發完、空盪盪的藥箱，以及每天排成長龍、急切求診的塔須村民，在在撞擊著我這顆彷彿見苦不能救的心，我一路思索著自己到底還能為塔須做什麼？

感動很容易，但是行動很困難，當我們把一個人從黑暗與失望中拉起，讓他感受到光明與希望的存在，接著我們卻像風一樣的離開，消失得無影無蹤，再度讓他披上黑暗與失望的衣衫，那他的感受，可能已經不僅是失望，而是對世界不公平的絕望。

今天，我有幸成為塔須的第一位醫師，帶著藥物去布施我的熱誠與愛心，暫時解決了他們身體的痛楚，讓他們感受到未來日子有了光明與希望的可能性，然後呢？

然後，我這過客也像雲一般飄離了塔須，他們又隨著身體的苦痛再起，再度陷入漫長的失望之中。表面上，我好似慈悲的給了他們治療、撫慰與希望，但實際上，卻也殘忍地給他們等待下一個希望的可能。

我不想，不，我不能當一個殘忍的慈悲者。

大聲地跟他們說：「我明年一定再回來，帶更多的藥，甚至帶更多的醫生和護士夥伴一起回來。」必定能夠贏得掌聲，而他們感動的淚水，也會讓我更加的感動。

然後呢？

如果我真的如此堅定明年還會上來，為什麼連與我的上師堪祖仁波切商量都不敢？為什麼心中會有這麼多猶豫不決？為什麼深深感受到外在的誘惑與慾望、現實與考驗？

我太清楚自己只是一個普通平凡又懦弱的傢伙，在眼淚當中，我更清楚地看到自己對無常的敬畏。

我是誰？我在哪裡？我為何存在？我將往何方？已經失怙的我，現在需要的，應該是更多的「安定」，應該是更多的「平穩」，也應該給阿母更多的「放心」。

明知道現在的我，應該順著生命的流動，內心的盼望，卻又覺得順心所求，是苦；但如果就此隔斷心中所想，恐怕會更苦，甚至讓心枯萎。

而這份對塔須的牽絆和不捨，是否正是人生，正是無常的考驗？我只能祈求，祈求冥冥之中那未知的力量，在我心中種下想要再回塔須的第三顆因緣種子。

「這是你的夢想，也是對社會的回報」

就這樣帶著罣礙回到了台灣，一樣的工作，一樣的生活，但我的心卻始終懸著，懸在千里之遙的塔須。

我能為塔須做什麼？我又應該為塔須做什麼？我如此咀嚼著這看似簡單，實則困難的問題。幸運的是，我是一位醫師，醫療的協助，對我而言不就是最簡單，也最容易做到的一件事嗎？

阿母，成了我第一個商量隔年想要再上山的人。聽完之後，她並沒有馬上反對，但也沒有立刻贊同。她猶豫了許久，我看到在她眼裡漸漸堆積起來的擔憂，取代了她在我們三兄妹分產時的詫異安慰，以及得知我要辭掉花蓮慈濟的主治醫師職位，回到台東來陪她，不再讓她獨自面對失去父親的孤單與傷痛的喜悅。

「我沒讀什麼書，給我幾天想想吧！」她這樣跟我說。

阿母並沒有讓我等太久，她說的話也很簡單。

「你也知道，我讀的書沒有你們三兄妹，尤其是你多，從小，我也沒有特別教導你

儘管已經知道塔須人的生活條件遠遠不及台灣，但是接受村民的邀請，進入他們的家，接觸他們的生活，才曉得相較之下，可以貧窮、困乏到什麼地步？

原本以為我這窮人家長大的孩子，面對塔須的生活，應該沒有什麼問題的，想不到一旦真正觸及，還是驚訝了。

是驚訝於台灣窮人家的生活雖然有其缺乏之處，總還在一定的水平上，就算再窮，也還是「有」，只是「不多」；但塔須大部分居民的生活，卻是在人類生活水平的底限，近乎「沒有」嗎？

不是的，是驚訝於我們大多數人，已經擁有太多，卻還是不快樂，不滿足，不高興，而幾乎一無所有的他們，卻是那樣的快樂、滿足與高興。

擁有的不快樂，缺乏的卻很滿足，箇中道理，我至今猶在深思。

們什麼人生大道理，只求你們認真讀書、正當做人、懂得感恩；以前雖然過得艱苦，但老天爺仍然讓我們一家人有房子住、有飯吃，你們這三個小孩有書念，對這福分，我們都應該心存感謝。

「你說你要上去塔須那個我也不知道是什麼地方的所在，我當然會操煩，但這是你的夢想，也是對社會的回報。就是因為過去有那麼多的好心人幫忙，我們才有今天一點點的能力，給人家一點點的協助，等明年你要出門的時候，我會拜託菩薩好好照顧你，還有更重要的是，我也會保重自己，你不要擔心，年輕人有夢就去追。」

聽到這裡，我早已淚流滿面，一句話也說不出來。想不到我阿母這麼有智慧，接下去她還有話要提醒我：「是你自己要上山的，沒有人拜託你上山，這條路會很孤獨、寂寞，也會有挫折、打擊，你要堅定你的心。」

要不是情境實在不允許，要不是怕破壞這一瞬間的溫馨，要不是怕她會笑我三八，我真想給這位黃淑華女士掌聲鼓勵，為什麼她會說出這些讓我受用無窮的話啊！

「阿源，你要記住，有健康的身體才能持續上塔須去做想做的事，才不會讓家人、朋友和仁波切擔憂，不會到了山上，反而成為塔須人的負擔；另外，追尋夢想也要取得上司、同事及病人的許可與包容，畢竟有穩定的工作收入，才得完成理想，這是圓滿的道理。我希望你記得三件事，身體要健康、工作要穩定、心境要輕鬆。身體健康圓滿了，工作環境圓滿了，自己心境圓滿了，這樣你的夢想實現起來，也才會圓滿。」

如果今天我真如人家所說的，有顆慈悲和柔軟的心，那絕對是在貧困的幼年時代，即由母親的教導埋下種籽，成年後才能逐漸發芽生根，然後在能力許可的現在，內心對至貧至弱者付出不捨、關懷的那份大愛理念，方得以茁壯成樹。

母親的智慧，讓我再度感謝兄長和妹妹在分產時，願意把母親這項珍寶交給我。別人眼中的「奉養」負擔，我的感受是沐浴「親恩」的加長，是在成人之後，極少數人還有幸享受到的幸福。

有了阿母的支持，我的心中踏實多了，然後就是返回馬偕醫院台東分院面試。我一開口就對醫院說明，我每年必須請假一個月到藏區義診，所以希望一年能有一個月的休假，如果無法得到確切的承諾，我就無法來上班了。

如今回想起來，還真是汗顏，真不曉得當時哪來的勇氣，敢提出這麼任性又堅持的要求。我真是一個福氣的人，感謝我的家人朋友體諒我、醫院及病患包容我，他們讓我覺得，我是如此珍貴。也因為這份福氣，我每年得以分享十二分之一的時光給塔須，另外十二分之十一的時間則給予台灣支持我的家人親友及可愛的病患。

二〇〇六年，我拍下了上師轉著法輪的背影，滿心感動與折服。
轉世而來的他，步伐堅定，一如他的心意。他愛塔須子民，猶如父母關愛子女，天經地義，毫不猶豫。

反觀我，根本就是個外人，塔須的絕世之美，讓我震撼，塔須的極度困乏，讓我滿心悲憫。即便如此，我依然不敢跟上師說我想要再來的心意，起念容易，就如法輪下的蔓生野草，可是堅持困難，能夠一如他往前走的步伐嗎？
一步、一步，再一步。

二〇〇六年，成為我人生一個重要的轉捩點，這一年，我第一次上塔須；這一年，我回到了家鄉，進入台東馬偕醫院，在身心科為民眾服務；這一年，我開始思考，明年夏天要和上師堪祖仁波切再次上塔須。

這一次上去，我要以保養老人家的關節和營養問題為目標，多買一點藥上去，每人一天一顆葡萄糖胺錠、止痛藥和綜合維他命，每個老人三種藥，一百天的藥量，需要多少錢？

這一次……我完全沒有想到，第二年，會驟起變化……

原來，萬般因緣，無常，才是平常、甚至是正常。

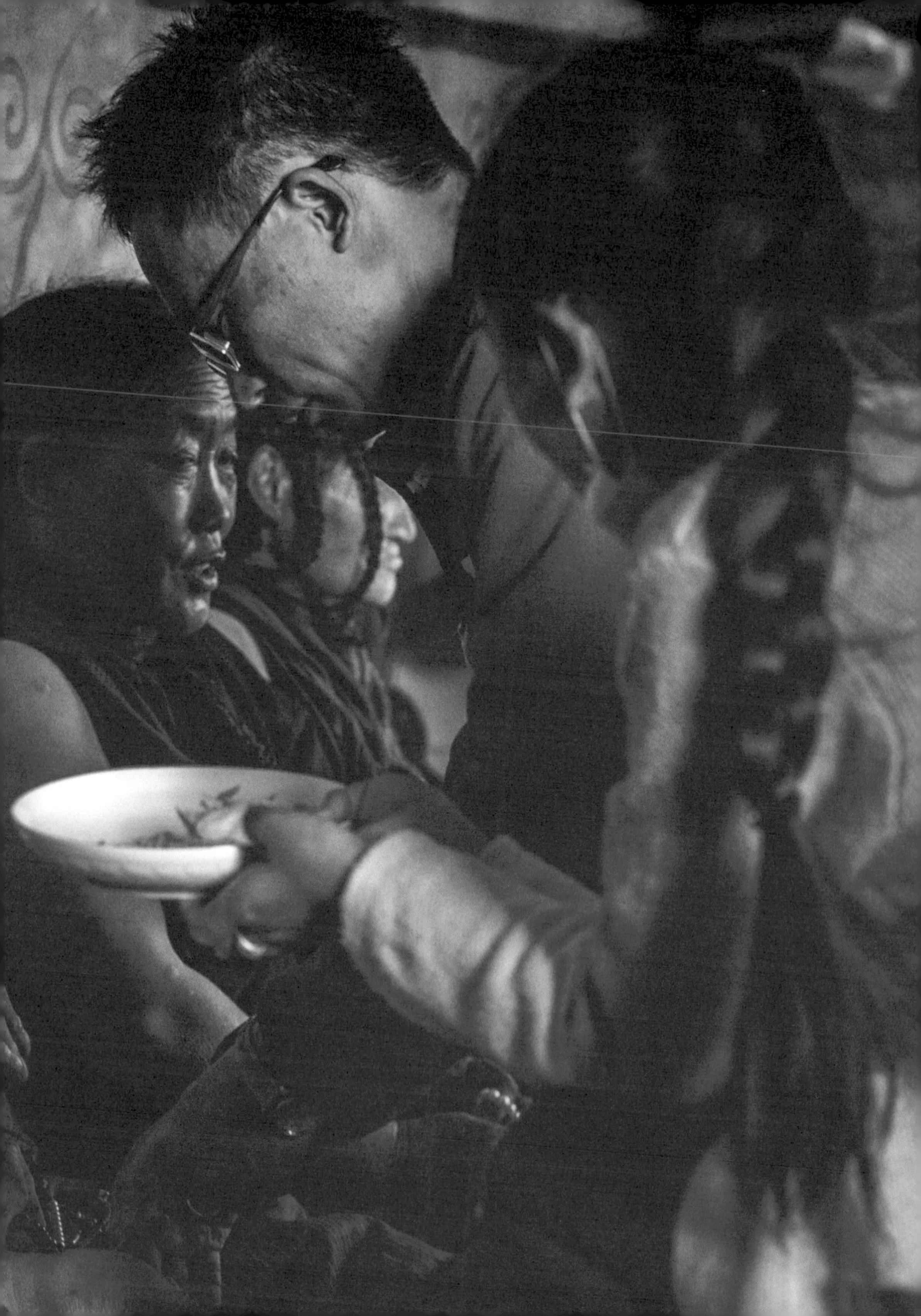

Chapter 3

第三章

行動，才有力量

關懷只做一半，慈悲反而成為殘忍！

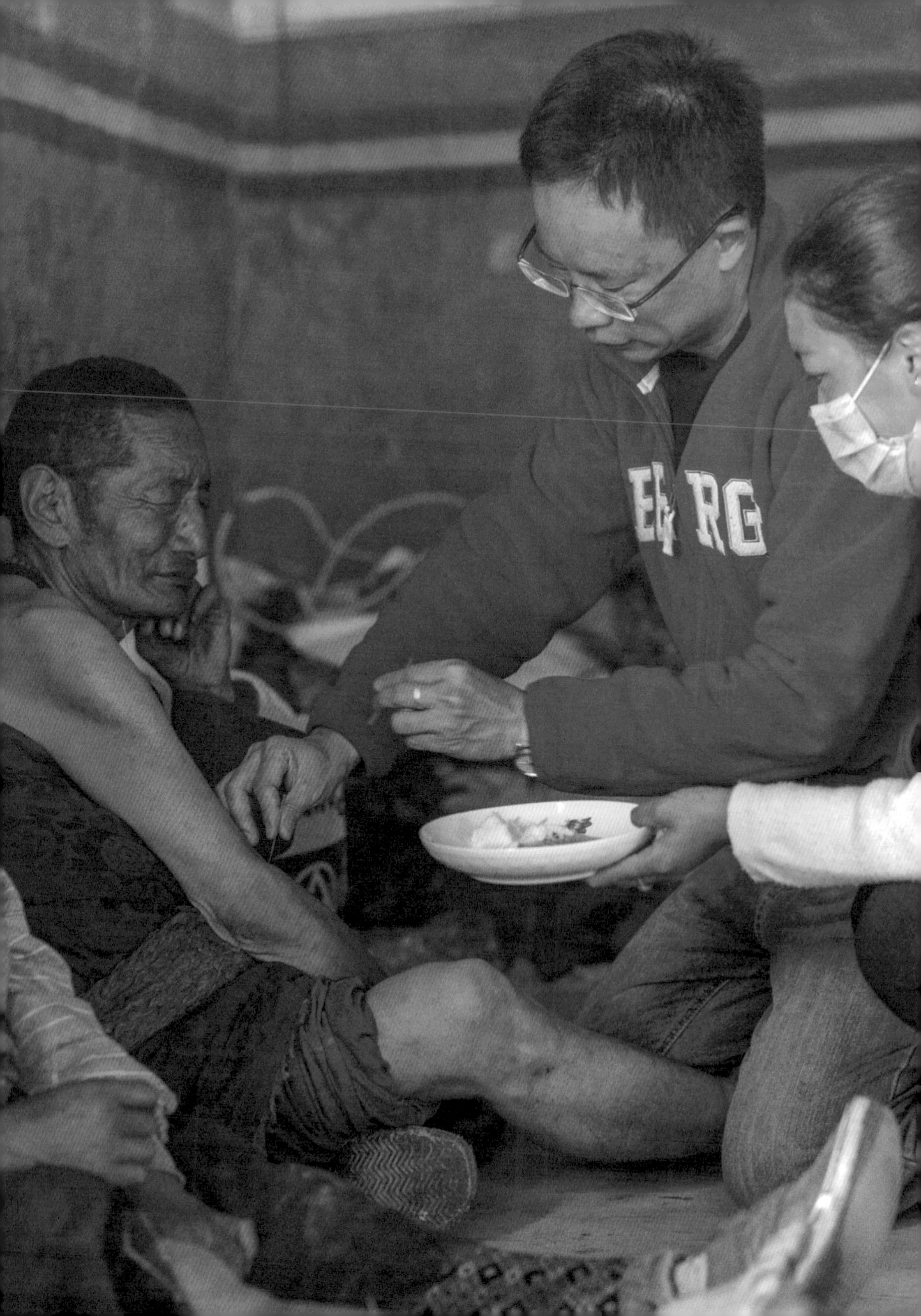

二〇一三年六月中旬的一早，阿母便虔誠的供水、供燈、供香，虔誠的禮佛。我默默無語，靜靜凝視，知道她正在祈求佛菩薩保佑我及今年的同行者一路平安，一如她從二〇〇六年起開始做的那樣，或者說，一如她自懷胎開始，便祈祝老天保佑我這個孩子的那樣。

人類，真是一種矛盾的動物啊！有時覺得自己很神勇，凡事只要努力，就能做到；有時又覺得自己渺小到極點，什麼事情都做不了。

堅定自己的心

其實，二〇〇六年在徵得母親的同意和醫院的包容前，彷如初生之犢的我，也曾在這兩種情緒當中擺盪。一開始，我認為只有一個人的力量，實在薄弱，便展開一連串為塔須尋求更多義診資源的行動。

我先向資深學長、醫師等等請教義診事宜，幾乎每個人都認為我一個人上藏區義診，錢花得太多，也太辛苦，要一直持續下去太困難。在熱心學長的轉介下，我也接觸了幾個與義診相關的團體組織，花費許多時間解說塔須這個地方的需求，期盼能獲得更多資源協助。無奈的是，儘管這些團隊聽了我的陳述後，無一例外，都很感動，可是也無一例外，都以高原反應具危險性，擔心上去了克服不了高山症為由，打了回票。

坦白說，那時我真的很氣餒，人與人之間不是應該互助嗎？既然是平常就實行義診的團體，不是會比一般慈善團體更具備醫藥背景、更懂得保護自己嗎？除了氣餒，也有些怨懟，幸好還沒往下想，阿母的聲音就在我腦中響起——

「是你自己要上山的，沒有人拜託你上山，這條路會很孤獨、寂寞，也會有挫折、打擊，你要堅定你的心。」

是的，我要堅定我的心。

除了堅定我的心以外，一連串的拒絕也激發了我任性驕傲的牛脾氣。我想，一個團體有一個團體能成就的大事業，一個人也有一個人能經營的小天地。

在最初的情緒平復以後，我也平靜地接受這樣的結果，畢竟我的初衷是感謝許多貴人在我成長過程中拉了我一把，這份恩惠讓我現在有能力工作賺錢、改變家庭經濟及回饋社會，甚至還能上到離家千餘里的西藏山區服務，有機會幫助他人，就不該拒絕。

況且這些團體的愛心不容置疑，評估受助地區外，本來就應當考量參與者的人身安全，就像阪神大地震期間，前往災區的志工甚至會穿上紙尿褲，以免增加當地的困擾。

登上四千五百公尺山區，自己若先倒下了，如何幫助塔須的居民。

到這個時候，我已經能夠轉換心情來想，說不定與其團隊行動，還不如一個人上山，簡單方便多了，就像是單身的人常常說的，一人飽，全家飽。上山種種，我一個人說了算！

一口氣花掉三分之二的薪水

下定決心後，我便開始擬定計畫，二〇〇七年二度上山要以改善老人關節病變、舒緩冬季關節痠痛等症狀為先、為主，去年帶去的七、八十公斤藥物，一下子就發光了，今年要多帶一些。

不論是用藏人一個家族一戶的算法，有兩百多戶人家，或者用漢人男子成家就獨立成一戶的制度，有五百多戶人家，總之，以二〇〇六年我見到的六十歲以上老人，都能熬過八個月冬天的樂觀來估計，約有七百個老人家，每人一天一顆葡萄糖胺錠、止痛藥和綜合維他命，每個老人三種藥一百天的藥量，讓老人家在寒冷的冬天服用。

不是，我知道你會問我，八個月有兩百四十天，一百天的藥量，連一半都「凍」不夠，況且，還有「五十九歲」的「非老人」，碰上他們，我給不給？

這些藥，光給塔須的老人都不夠了，但隔壁村莊的人也會來啊，見苦豈能不救？而且藏人單純可愛，他們絕對不會為了要拿藥而謊報年齡，他們會拜託說：「楊曼巴，我才五十八歲，但是身體很瘦很痛，你可以給我藥嗎？」

給不給呢？當然給；夠不夠呢？當然不夠，但是我的錢只夠這樣，先做了再說吧！

第一次自己訂藥議價，一顆藥價差幾毛錢，都要跟藥商「盧」很久，用成語來說，就是錙銖必較。如果每顆藥價能多省一點，就能買更多的藥物幫助更多人。這時的我終於了解學長說的話：一個人要去義診，實在是太辛苦、太花錢，所以也就太難持續了。

於是，我就反過來拿這話惕勵，甚至是督促自己，一口氣就花掉三分之二的年收入，心不心痛？當然心痛，但為了在高山上遙遙期盼的塔須村民，勢在必行，那就少點慾望、少花點錢，省下來的錢，就能多買一些藥、多做一些有益的事。

如此所購得的各類藥品總重超過一百五十公斤，與第一次上山時相差近一倍，但問了郵寄和貨運都寄不成，如何運藥到塔須成了難題。幸好當時有朋友要到中國，願意幫忙化整為零，帶藥前往，簡直就像是單幫客，只是帶的不是衣服、化妝品和包包，而是止痛藥、葡萄糖胺錠和維他命。

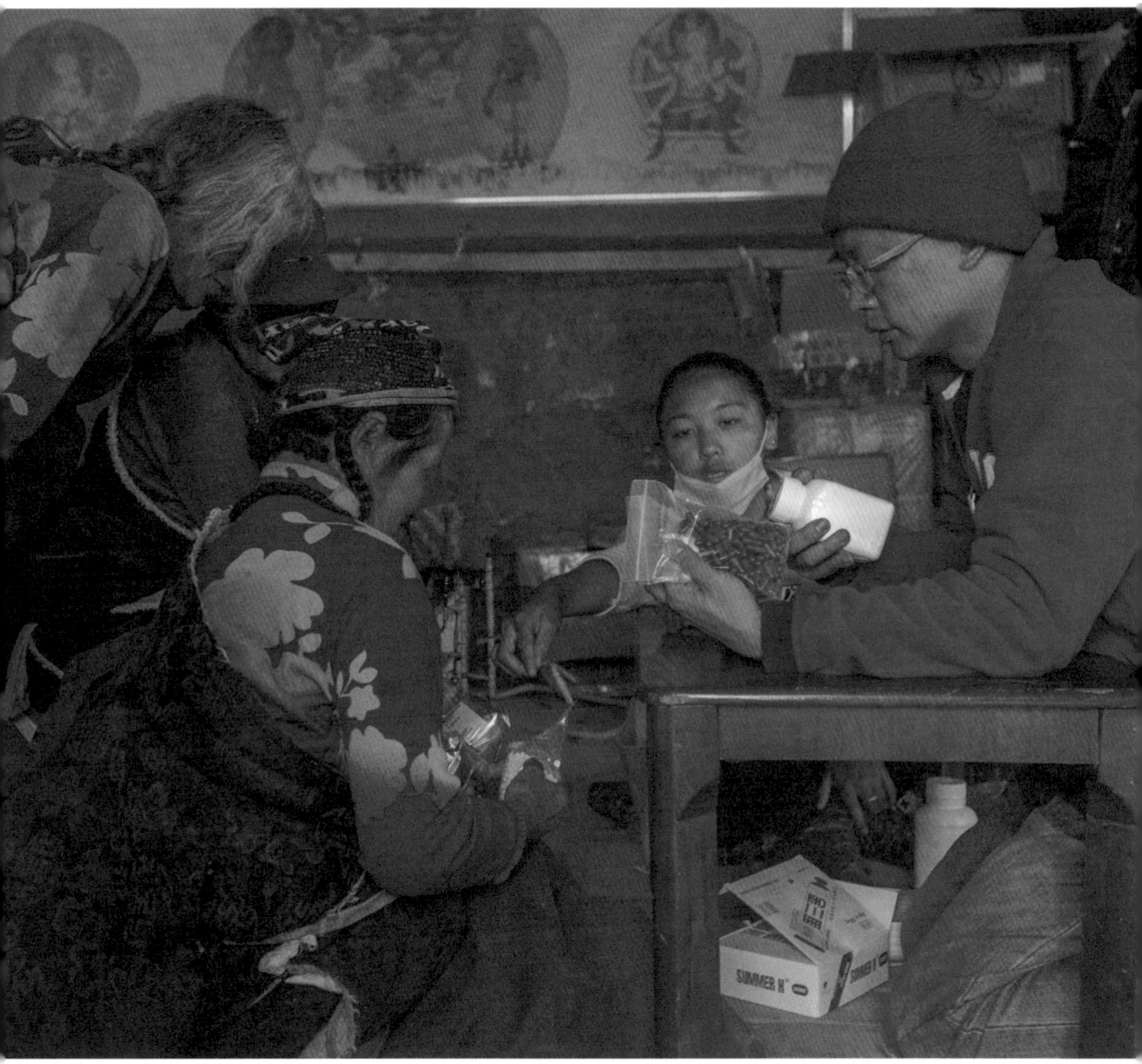

寺院的村民向塔須師父說，經過楊曼巴雙手處理過的藥物，好像有特殊的意義。

到了中國後，這些朋友再把藥郵寄到四川成都朋友家借放，麻煩塔須寺院的師父們借車，花個三天路程到成都去運載，再花三天路程回塔須山上。

好遙遠、好浩大的藥物旅遊運程，聽起來都累，不過一百公斤的藥品還是順利上山了。既然三分之二的藥品都上山了，我更沒有理由不回去。

那剩餘還找不到人「跑單幫」運過去的五十公斤藥品呢？沒問題，我們自己帶。但是此時又發生問題了，這次、這次、這次、堪祖仁波切竟然拿不到簽證！

二〇〇六年，仁波切帶我一起回塔須後，同年秋天開始下雪時，他又再回山上一次。彼時阿爸過世，他還特地趕來台東，引導著我們全家，走過那段失去大家長的日子，接著便回不丹。原以為今年我二度上山，一樣有師父同行，不料因外在環境的改變，政治氣氛的敏感，上師無法取得簽證，所以，我必須一個人前往塔須。

真要一個人上山，才體認到內心的膽怯與懦弱，原來理想最大的阻礙不是外在的壓力，而是自己內心的脆弱。

幸而佛菩薩保佑，既保佑了藥物安然到塔須，又安排了好朋友謝俊斌慨然答應陪我上山。他說好朋友做好事，當然要有好人一起共襄盛舉。阿斌是虔誠的一貫道道親，吃素愛乾淨，標準的書生氣質，真是感謝他情義相挺，與塔須素昧平生，聞所未聞，卻只因為聽我描述塔須的貧窮與困苦，就願意放下手邊賺錢的工作機會，和我上山吃苦。

他的慈悲之心砥礪著我更加精進地朝夢想邁進。我們捨棄行李衣物，行李箱中全裝滿了藥，裝不下的，乾脆用手提，一個人兩隻手，帶了五十公斤左右的藥物，也不去想帶藥進出海關有多危險，竟然出奇順利地完全未受刁難，就那樣安然出關。

「孩子，我們終於等到你回家了。」

二度來到，西藏依然是最接近天堂的地方，天空好藍，浮雲好白，草原好綠，風景美得幾乎讓人失了魂魄；西藏人民心靈依然簡單、樸實與單純，好似桃花源般怡然自樂；藏傳佛教的神祕氣息更加吸引人想親近。

不過，西藏的難行與高度，卻也依然讓人無由來的畏懼與驚恐。同樣蜿蜒的山路，同樣讓人膽顫的高山症，如鬼魅般悄悄掩至。

前往塔須的路程，依然是在「渾渾噩噩」的高山症狀中度過，但程度與首度上山相比，減緩不少，大概只剩五萬支針在扎頭，少一半了。難道是因為在西寧，離塔須尚有

三天路程時，寺院師父與村民便一直打電話來關心，擔心我的身體，擔心我的高山症，並說打從雪融，村民得到寺方通知，知道我即將歸來後，這些純樸的村民，尤其是老人家們從清晨便熱切地環繞著佛塔，在寺院前守候著，直到傍晚才回家休息，如此等了三天，就為了等我這個「楊曼巴」回家嗎？

而走了三天，當我踏上喜馬拉雅山脊線上這塊宛如前世家鄉的土地時，高山症狀再度神祕地消失於塔須村外。

全村最年長的九十一歲婆婆，第一個為我披上代表敬意的白色絹布「哈達」，透過西祝師父翻譯，以藏語告

塔須最年長的阿嬤努力撐過了冬天，第一個為我披上代表敬意的「哈達」，告訴我，我終於又回到家了。

訴我：「孩子，我們終於等到你回家了。」

九十一歲其實只是個概數，我只知道婆婆是塔須最年長的阿嬤，並不清楚她確定的年齡，我想連她自己也不清楚，因為後來每年我上去，她跟我報的年齡總是不一樣，但最常出現的是九十一，我也就定格在這個美麗的數字上。

看到了我一直掛懷、滿心不捨的婆婆，努力撐過了這個冬天，我在淚光中笑了，並把心中的一個期待轉化成決定：「第一個看診的一定要是阿嬤！」

為什麼呢？因為在其他同樣令我牽掛不已的獨居高齡老人中，她最年

長，情況也很特殊。在藏區，幾千年來的男女不平等情形，至今依然存在，女人存在的最大價值之一，就是生產。生不出小孩的藏族婦女，就算再會工作，她們的先生還是可以輕易的將這「不事生產」的妻子休掉，大家也都視為理所當然。

九十一歲的阿嬤沒有生兒育女，但她的老公並沒有休掉她，我不曉得原因是什麼，也不去天馬行空的編織美麗的愛情故事，我只知道一個事實——兩人相伴到老，直到先生離開為止，阿嬤就此成了獨居老人。

想想塔須的寒冬多冷多長啊！大家沒事就盡量不外出，而獨居老人也無法外出；不同的是，能生育的家庭都是大家族，不管外在的風雪多大，氂牛帳中始終熱鬧溫暖，他們兒女生得多，不只有表面上我們猜想得到不會避孕的理由而已，還有更殘酷的事實——必須生得多，才禁得起夭折的折損。

老婆婆沒了先生，沒有兒孫，連續八個月不能外出的日子要做什麼呢？除了鄰人的偶爾探視，一入夜，更是要面對滿帳的空寂與無助。

而現在，至少現在，阿嬤視我為「續命丸」，是她生存下去的兩大力量。心靈上，我想她盼望確認轉世後，只來得及回來過三次的堪祖仁波切能夠再度歸來；身體上，我有幸成為她的寄託，所以她說：「我一定會努力活下去，年年等著孩子你回來。」

他們是家人，不是病人

這份承諾，至今從未失信。

這期間有一年融雪期，獨居的老婆婆臥床半個月，呈現昏迷狀態，令村民好緊張，但就在我返家的前三天，她卻突然甦醒過來對村民說：「我感覺到楊曼巴要回來了！」開始繞佛塔，徘徊等待。

因為如此，每年我離開時，會把身上的衣服、帽子、外套等等，都送給老人家。感

謝他們不嫌棄這些衣物，而他們也總是像領取聖物般接下禮物。

尤其是這位滿頭白髮、身軀幾乎已成倒「L」形的婆婆，拿到我的帽子時，開心笑說：「以後我的頭都不會痛了。」差點又催下我的眼淚來。

再度相會的激動情緒才剛撫平，我第二天即展開忙碌的看診工作，在大批藥品環繞及人龍圍觀下，除了上午的一般看診，下午加碼演出，和友人進行針灸治療。塔須村民對針灸既害怕又覺得神奇，願意嘗試被扎，完全是建立在對我的信任上，結果隔天許多老人家再度排隊要求針灸，紛紛反應身體不適症狀獲得了舒緩。

之後，這樣的模式就延續了下來。我總是上午分藥，下午扎針。領藥的人不會重複，但扎針的村民跟台灣的民眾一樣，會重複就診，隔壁村莊，甚至從更遠地方過來的不算，單以塔須三到五千人來攤三十天好了，每天，我都要看一百多位村民，別說感受「天蒼蒼、野茫茫」了，就連走出寺院，已是要回到我當地的「爸爸」，土旺仁波切家休息的時刻。

所以真的不要再問我早期大半是我獨自一人上山時，為什麼照片不多了，為什麼就算有照片，也拍得「很普通」，為什麼照片中很少看到我……

因為，我上塔須去看的，不是病人，是我的家人，家人沒事天天拍照做啥？因為我

天天要看一百多個村民，難道在扎針的時候，可以請他們等一下，我先拍個照再扎，或者邊扎邊拍？

番外篇是，他們未雨綢繆，想到我只待短短一個月，就說要把針灸的地方畫上記號，這樣就可以自己拿著縫衣針來扎了……。我臉上當然立刻出現隱形的三條線，不，可能是五條線。

二度回來的消息也傳到幾百里、幾千里外的村莊，於是其他寺院的村民，寧可騎馬三天三夜來求診，有人得了腸胃炎，吃了藥，休息一天就好了；他們向塔須師父說，經過楊曼巴雙手處理過的藥物，好像有特殊的意義。

請一個月假上塔須，時間當然是不夠

的，光往返交通就耗去十多天，算算真正看診的時間，竟然只有十七天，教我如何不格外珍惜在塔須的每一分、每一秒！

每天起床，診間門外都已大排長龍，我從來不敢隨意告假，也不可能外出欣賞風景、遊玩，我就靜靜地在專屬於我的崗位上付出，每天重複同樣的流程，歡喜地感受內心不斷竄流著的滿滿幸福。

這一趟，我顯然已經被視為塔須人，獲邀住進土旺仁波切的家，成為他的家人。每天早上，喝著仁波切家現擠的新鮮氂牛奶、吃著糌粑，展開一天的愉悅行程。

中午吃「氂牛肉炒醬油」配「鬆鬆無黏性」的白飯，晚上吃「醬油炒氂牛肉」配「無黏性鬆鬆」的白飯。即使如此，在塔須，卻感受到前所未有的滿足。

努力活著，等你回來

不過，在塔須，時間似乎總是特別倉促，一百五十公斤的藥還是不夠用；發送這些要幫助老人度過寒冬的百日份藥物，內心再度充滿悲傷，因為一百天的藥實在是不夠的，塔須的冬天真的太冷、太冷了。

終於又來到告別的日子，村民都來送行，我數不清人數，眼淚已然模糊了視覺；老人家們也哭紅了雙眼，如同去年一樣，為我披上一條條哈達，厚重的白絹，像預告著我對塔須切不斷的牽掛。

負責翻譯的西祝師父說，當他告訴寺院我要再次上山時，他們還不敢置信，因為塔須太高、太冷、太窮也太髒。

他們更高興、更難以置信的是，我竟然都跟他們吃一樣的伙食，住跟他們一樣的房子，蓋跟他們一樣的被子。讓我借住家中的土旺仁波切說了一句話，令我永生難忘。

「你是在台灣的塔須人。」

他不但這樣跟我說，也如此告訴塔

須村民。我的心，因而安頓下來；是啊，塔須是我的另一個家鄉。土旺仁波切說歡迎我每年都回家走走，看看家裡的人。塔須生活不易，孩子們長大了，多半會離鄉出外討生活，乃至於定居在外地，但不要忘記回家喔。

到了真要離開了，我又難過得忍不住哭了半小時，意外體認到「無常」的道理。現在的我果決堅毅的期待自己明年再上山，但又如何確定明年的我會不會變得膽怯懦弱？即使我依舊堅定，又怎能確定家人、工作、經濟、健康等問題不會阻礙我前行？就算我排除萬難勇敢上山，又怎能確定我可以安全無虞到達塔須？

築夢是浪漫的，但是浪漫需要靠現實條件的支撐，如果到了五十歲、六十歲，我都還能年年上山，那肯定是最浪漫的事情，表示我身體健康、家庭支持、經濟無虞，一定要這最基本的三個條件都具備了，我才能夠繼續回來。

於是我只能不斷祈求佛菩薩，求祂庇佑我再回塔須。因為腦中總時常迴盪著塔須老人家對我說的話：「如果你來了，今年的冬天就會比較好過一點。」

之後回到台灣的日子，我就讓這句話成為再度上山的動力，時時揣想著自己該為塔須做什麼。就這樣，我的心更為堅毅、勇敢和篤定，心情不再徬徨、猶豫和困惑，因為我知道我一定會上山回家。

意想不到的無常

然而二〇〇八年，無常還是再度出現，而且是以跟我原先料想不同的方式呈現。三月時，西藏拉薩發生二十幾年來最嚴重的暴動事件，阻斷了我回塔須的路。

情勢的緊繃讓人憂心不已，但該做的事還是要做，照樣議價買藥、訂購機票，心下決定「打死不退」，不料再遇另一無常，就是塔須寺方的婉拒。

千里之遙的土旺仁波切視我為子，擔憂我冒險上路會遭遇傷害，不斷透過任何他想得到的管道捎訊

息到台灣來，安撫我為塔須操煩的心情，連縣城的公安朋友都說，現在沒公文許可，絕對無法上山。

最後土旺仁波切為了壓下我如牛般固執的心意，轉而希望我代替他到南印度色拉寺，看看二十幾年前從塔須步行半年，穿越喜馬拉雅山、熬過嚴酷氣候、躲開了人民軍追緝的塔須僧人。

好，人可以不到，但為塔須老人備好的三款藥品，還是輾轉送達塔須山上，由寺院師父協助發給老人家，隨後我即動身前往南印度色拉寺。這裡也是我的上師堪祖仁波切當初求學所在，早在我還沒跟他見過面之前，就曾每月固定撥出一筆費用供養師父。對我來說，只是舉手之勞，但仁波切感念在心，每次到台灣南投，都想要與我見上一面，我也始終婉拒，直到他邀請我們到不丹一遊。

當時的我才皈依藏傳佛教不久，去不丹，就像之後第一次上塔須，觀光客心態遠大於一切，卻又在那裡「不小心」地答應要贊助寺廟學生宿舍，也就是僧寮的建造。

不過僧寮不是蓋在不丹，而是印度。緣由是當時堪祖仁波切在印度色拉寺學習佛法，聽說他正發願在印度建立僧寮，同行的同修談起要贊助，並且說：「楊醫師，你是醫生，收入較豐，我們每人贊助一間十萬元，你就贊助兩間吧？」

我一口應允，哪曉得感動容易，行動不易，中間的波折容我保留，總之無論是第一期工程，或者後來追加的第二期工程，我都贊助了絕大部分。

所以我常開玩笑說，我人生的第一桶金、第二桶金，都給上師騙了……呃，不是啦，是都透過上師趨近圓滿。

色拉寺的師父一見到我，隨即對外介紹我是「在台灣的塔須人」，他們的說法讓我再度細細咀嚼「無常」的意義，也堅定著一定要再上塔須的信念。

堅持，才看得到力量

二〇〇九年春天來臨時，我即像隻候鳥般重複一樣的動作：議藥價、買藥、寄藥、送假單、說明、請假、訂機票，一件事情總要一直堅持下去，才能看見力量。這一次，我準備了一百五十天的藥份，一樣是六十歲以上的長者，每人每天可配得葡萄糖胺錠、止痛藥和綜合維他命各一顆，只是比前兩年多了五十天的分量，加上其他林林總總的藥物，總重超過兩百公斤。

夏天，塔須雪融了，拉薩依舊瀰漫著煙硝味，藏區還籠罩著低氣壓。我急了，而且是愈來愈心急，而擔憂我會貿然動身返回塔須、長期關注我的堪祖仁波切也盯得愈來愈緊。不過，他正好必須暫時離開台灣南投的佛學中心，返回不丹協助建寺。於是，我像不聽話的任性孩子一樣，看準時機，仁波切前腳才剛離台，我後腳就動身準備搭機前進塔須。

首先，把我家的楊麥可先生送到花蓮，託付給摯友陳景亮醫師。

阿亮是我任職於花蓮慈濟醫院時期的同事，我們同樣來自貧困的家庭，起先看彼此不順眼，誰知道不打不相識，後來因為「傲」氣相投的關係，愈交往愈知心。

知道我下定決心要上塔須後，年年的第一筆贊助金，一定是阿亮塞到我手中的。「不要推辭，也不多，只是我贊助你這個朋友的心意，我知道你都是自掏腰包，所以就當作我把無法陪你一起上山的旅費捐出來吧。」

阿亮不知道，我每年上山看到塔須那裡自由自在，卻溫飽不足的獒犬時，總是格外感謝他們一家四口，幫我照顧楊麥可這黃金獵犬兒子的辛勞。

這一年也感謝許又心女士慷慨出借她兒子陪我上山。宏偉在四川成都讀中醫學院，是我第三度踏上塔須土地的小幫手。聞著藏區特有的氣息，

我恍如隔世，就像離家很久的小孩，千思萬想地，終於回到家。

我也真的像個孩子一樣，一開始只會拉著土旺仁波切、寺院堪布、老人的手，在長長的人龍陪伴下，環繞著佛塔。從此以後，我更懂得珍惜每一次回塔須的時間，因為很害怕不曉得何時又不能再回家了。

許多老人的背更彎了，關節退化及病變還是很嚴重，但冬天至少有一半的日子靠著我給予的藥物成功撐過疼痛；還是有小朋友「不見了」，甜美純真的笑容已成為追憶。

我拚命壓抑著這飽滿的情緒，一再告訴自己做我能做的事，每日看診、扎針，沒一刻閒下來，我要把去年空白的時間也補回來。

病患人數日日增多，從早到晚，沒有散去的跡象，我常常看診到夜間，實在是冷了、累了、想睡了，只好拜託等待的病患隔日再來。

我告訴自己，這不是拒絕，不是殘忍，而是我不能倒，要保持體力；我若倒了，誰來服務他們？只有我自己健康，才能繼續看診。

身上只剩三十元，和滿滿的感動

這一次，食物依然是早餐氂牛奶，中餐與晚餐是氂牛肉炒醬油，外加鬆鬆無黏性的白飯，但我滿心感恩與知足，不管再累、再忙，只要能回塔須服務，就是喜樂。

轉眼間，又到了分離的時刻，不同的是，我發現這次竟然沒有人掉一滴淚。原來，堪布住持擔心我像前兩次要離開時那樣難過，特別要求小喇嘛們回家叮嚀家人：「楊曼巴返台那天，大家都不能哭，這樣，等下次時間到了，楊曼巴自然會回家。」

深怕愛的叮嚀不夠力，堪布住持又威脅式的開玩笑說：「你們看，前年楊曼巴哭得那麼厲害，一哭就相隔兩年才能再見面，萬一這次哭得再嚴重點，恐怕得要好幾年不相

每每回到塔須，總讓我更懂得珍惜。許多老人的背更彎了，但冬天至少有一半的日子可以靠著我的藥物成功撐過疼痛。

見了。」

太可愛了！那這次我自己也得強忍住淚水才行。

塔須村民單純、質樸的心思，令我感動萬分；更不捨的是，我塔須的「阿爸」土旺仁波切竟然在我離去的前一天不告而別，自己跑去了縣城。這位七十歲的長者就怕自己哭了，村民也會跟著哭，到時大家哭成一團，可如何是好？

虧他自己還安慰我說：「你只是從塔須的家回去台灣的家，明年雪融了，你還會再從台灣的家回來塔須的家。」看來我們都很會安慰別人，卻壓抑不住自己的心情。

不過他這番話，還是讓我內心種種不

塔須居民不認識、不知道的東西很多，其中一項，叫做「排隊」。他們是在二〇〇五年堪祖仁波切回去後，才得知了這件事，不過為仁波切排隊不難，只要上師下令，他們自然會遵守，而且仁波切的祝福是無窮無盡的，排在最前面與最後面，一樣都領受得到。

可是藥物不同，他們起先好怕排在後面會領不到藥，我一再保證：「只要你們排隊，一定領得到。如果不排，我就不發。」

我的堅持，其實是為了建立信任感，我希望讓他們可以更加的信任我，知道我的準備是足夠的，而這份習慣建立起來之後，他們果然也就願意乖乖的排隊了，這份信任，後來更延伸到他們知道，不用再問我明年回不回來，只要雪融了，我就會回來。

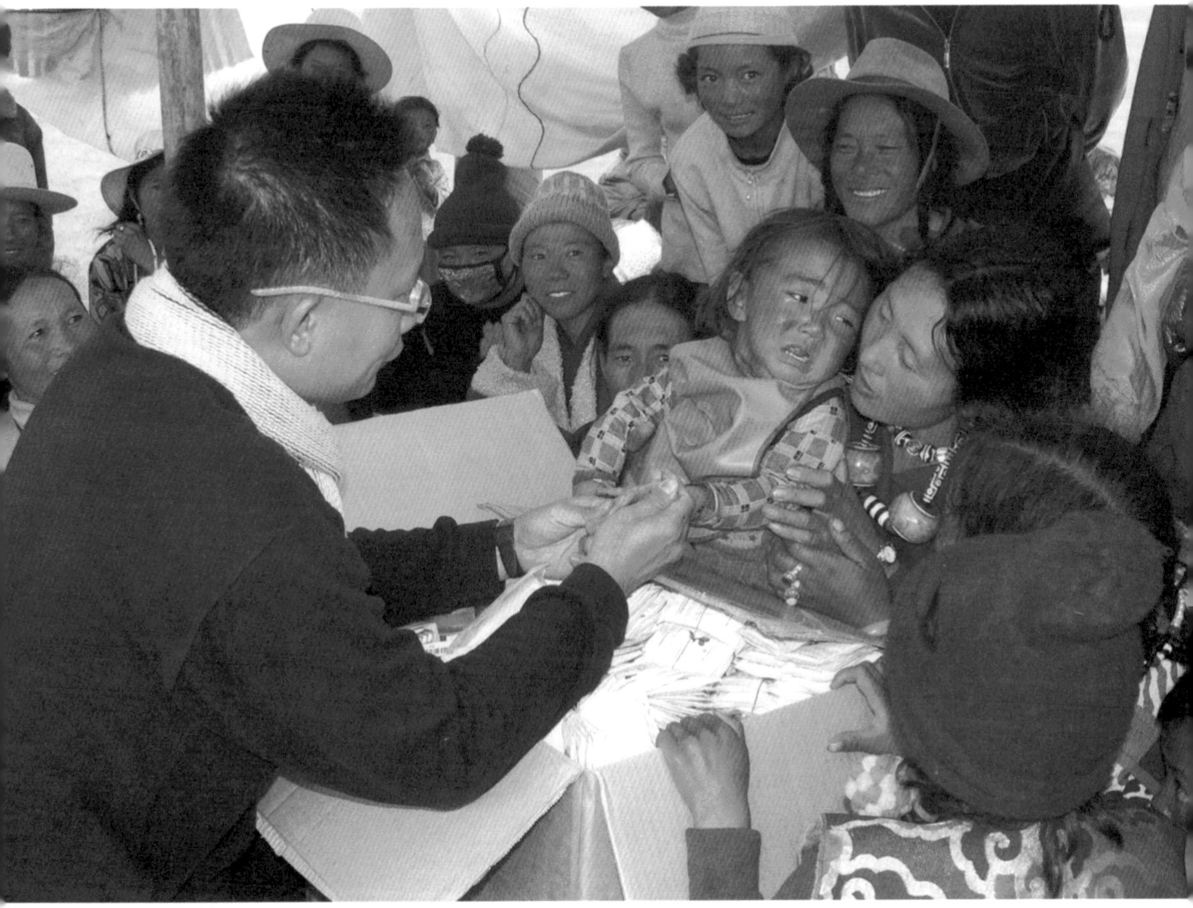

小朋友啊，你一定是跟全世界的孩子一樣，都有個雷達，專門偵測「醫生」這門行業，或者有個嗅覺，專門嗅聞「醫生」這個味道，否則為什麼我還沒有碰到你，我手裡拿的不是針筒，我甚至沒有穿白袍，你都會別開臉去，嚶嚶哭泣起來啊。

安獲得撫慰與安定，深信自己與塔須的緣分早已注定。

這次離開前，我把僅有的幾套衣物送給有需要的村民，身上的人民幣也交由送我們到西寧的西祝師父，做為他們返回塔須的青藏公路交通費，自己僅留了三十元人民幣和一件夾克。

豈料歸途不如想像中順利，從西寧搭機抵達上海，才知台灣受颱風外圍環流影響，桃園機場可能關閉。又一個無常，不過這些已經不會再影響我明年一定還要回塔須的心志。

轉機到香港更改機位，確定最快也要到隔日下午才能返台，換句話說，我這個身上僅著衛生衣，外加夾克，口袋裡只有三十元人民幣、無跨國功能提款卡的「類流浪漢」，要在香港機場過夜，實在狼狽。

雖然正值炎夏，不過在文明的人工社會裡，深夜的香港機場特別冷，我蜷曲著身子在椅子上睡著了，耳邊忽然傳來熟悉的語言——

「這個肖年郎出國去迌迌，怎麼這麼邋遢？」聽起來是一位慈祥的阿嬤用流暢的台語說著。為什麼是「聽起來」？因為我不好意思到無地自容，只得裝睡，等到阿嬤離開，才趕緊跑到洗手間去整理那「不知如何整理的邋遢」。

三十元人民幣被我用來買了水及麵包果腹，等到順利登機後，吃到平常最討厭的飛機餐時，竟覺是人間美味，只差沒有感動到流下淚來。

回到家後盡速洗澡，身體像減輕三公斤般輕鬆，但內心一想到塔須，卻又莫名地沉重起來。

被無數團體婉拒

是預感成真嗎？二〇〇九年冬天，塔須特別冷，到二〇一〇年的藏曆新年更冷，寺院捎來消息給我，說許多老人孩童撐不住這年冬天異常的酷寒，先離開了，新年因而少了歡愉慶祝的心情。

聽到許多阿公阿嬤和小孩娃兒抵不過嚴雪，等不到融雪的陽光，等不到夏天才歸鄉的我……我好心痛。寺院堪布說這是他們的業，他們的輪迴，但我是醫生啊！即便是藏傳佛教弟子，仍覺得缺乏營養的身子再碰上嚴寒的天氣，一旦感冒，很容易就轉變成肺炎，才是一而再、再而三讓他們的生命如螻蟻般脆弱、躲不掉疾病的主因。

於是在只能掛心、只能祈禱的期間，我深刻的感受到自己想做的事太多，也急切地認為我這個團長兼團員的一人團隊，給不了塔須更多，於是再度拜訪一些國際醫療援助團體，「厚臉皮」地為塔須請命資源協助。

我已經數不清自己找過多少個團體了，只記得每一次，我總是認真的介紹我上塔須的點點滴滴，還有我現在面臨的困境，主事者也總是給我高度的認同與鼓勵，還會熱心的給我「超美麗」、「超閃亮」的長期計畫藍圖建議，而這些建議的共同點是：只要有人、有錢、有資源，就能長期協助塔須，發展健康促進計畫，真的都是「超完美」的「一百分計畫」。

但無法付諸行動的計畫，永遠都只是計畫，超完美歸超完美，可惜我就是沒錢、沒人、沒資源。其實我完全可以體諒每個團體的考量因素，所以每次得到的答案，都是對高山症心懷敬畏的客氣回絕，也只能私下惋惜。

碰到這樣的時候，我當然是沮喪的，就只能想，或許是塔須人的福報不夠吧，也可能是我的福德不足，一個人雖有一個人的力量，但每當此時此刻，我都多麼的希望自己是超人啊！

還有每次大家聽到我做的事情後，或許都覺得事情這麼多，一定有個團隊吧？所以總是要我介紹上塔須的「團隊成員」。

比人先到的藥物，是村民對我的信任，也是我對他們的愛。這些藥物，是我一定得信守承諾的保證，如果我沒上去，一、兩百萬的藥物，豈不成了無用的垃圾？

我的團隊成員是：團長楊重源、團員楊重源，外加滿滿塔須人的期待，滿滿朋友們的祝福與鼓勵，以及滿滿諸佛菩薩的加持。

而每次他們驚訝的眼光，總成了我唯一的安慰，可見他們也都覺得實情絕不可能如我說的那樣，稍稍滿足了我一時的「超人」幻想。

幻想歸幻想，實情依然存在。找過許多有愛心的非營利人道團體、上過許多國際醫療援助的課程、羨慕他們有資源有人力有組織有計畫、努力奔波了這麼久以後，塔須卻還是只有我一個人，對照之下，實在由不得我不落寞。

或許你也會像每年總有人問我的那樣：「楊醫師，你怎麼不找其他醫師上山呢？」這真是一個很好的問題，相信我，我比誰都盼望有人可以幫我找到好答案。

有人建議我增加醫療人員的介入，並訓練當地的「半醫療協助者」，在塔須建立長期的醫療站。

這是個好建議，但醫學訓練非一日可成，我絕不能以自作聰明的妄為，干擾了塔須村民的生活，到了這時，坦白說，我已經有些不知所措。

向在台服務五十年的神父修女取經

就在這時，回到台東後，便進入教會醫院服務的我，突然靈光一閃，想到一群來台奉獻近半世紀的神父和修女。

從家鄉到異鄉，愛生了根，異鄉也早已成了他們的家鄉。簡單、樸素、低調、安靜的台東小馬天主堂墓園，更成了這群只為他人付出、不求回報的英雄偉人當中，白冷教會神父修士們長眠的所在！

這批神職人員遠渡重洋、無怨無悔地在醫療資源極為落後的台灣各地區，進行義務性的診療服務，即使後來台灣醫學逐漸發達，取得用藥開始便利，但在偏鄉，完善的醫療仍是奢求，而這群年歲已大的神父、修女也持續在偏遠地方發揮相同的奉獻精神，從不間斷給予弱勢的幫助與關愛。

在這群巨人面前，我何止渺小至極，簡直就是微不足道，我相信，即使已堪稱四處碰壁，但若去拜訪這些七、八十歲，不乏獲得台灣醫療奉獻獎得主的宗教醫療者，分享塔須的故事，或可尋求可行的辦法。

在這些兩鬢霜白、為台灣服務了一輩子的神父和修女眼裡，我看到的，可不是不同顏色的眼珠子，而是一股為我及塔須村民感到喜樂的光芒、心疼我一個人打拚的孤單、心疼塔須村民沒醫師，生病往往只能等待死亡的殘忍。

即便信仰不同，但我看到他們無私的大愛，慈悲為懷的神父與修女也能體會我的憂心。往深處去想，這也沒什麼值得驚訝的，要是有這樣的分別心，與我們國籍不同的他們，當初又怎麼捨得下父母、拋棄比我們當年更好的生活環境，來到這蕞爾小島？

他們完全敞開胸懷，與我分享剛來台灣初期所面臨的困境；彼時他們跟我一樣沒人、沒錢、沒資源，想想不過就是莫名的因緣，讓他們坐兩、三個月的船，從歐洲到台灣，就如同我因莫名的因緣，從台灣到川藏塔須。

神父修女們也提出了台灣四、五〇年代時超夯的「寄藥包」成藥觀念，建議我參考，或可為塔須簡易醫療站所使用。

啊！怎麼這麼巧呢？阿母也與我分享過「寄藥包」的想法。

民國四、五〇年代前後的農村，鄉下醫療資源匱乏，村莊裡多半沒有診所或藥房，頂多有個赤腳仙仔。想找間西藥房或中藥鋪，得到較大的鎮上街仔路去。而當時交通不便利，孩子生病，發起高燒了，父母揹起孩兒就跑上兩、三小時的事情，時有所聞。

「寄藥包」即是當時業務員向藥廠批發成藥，然後深入家庭，將一定數量的藥品寄

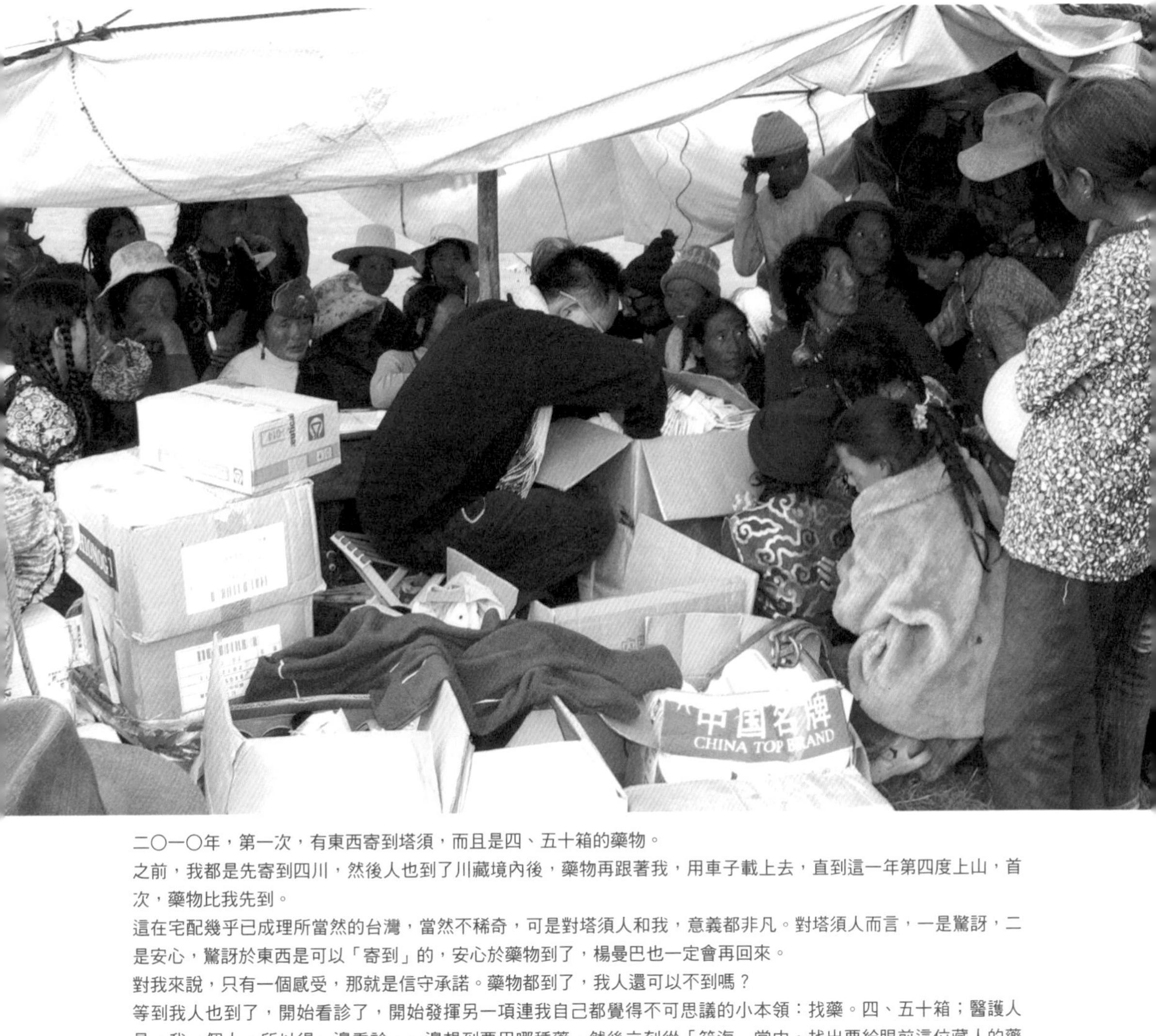

二〇一〇年，第一次，有東西寄到塔須，而且是四、五十箱的藥物。

之前，我都是先寄到四川，然後人也到了川藏境內後，藥物再跟著我，用車子載上去，直到這一年第四度上山，首次，藥物比我先到。

這在宅配幾乎已成理所當然的台灣，當然不稀奇，可是對塔須人和我，意義都非凡。對塔須人而言，一是驚訝，二是安心，驚訝於東西是可以「寄到」的，安心於藥物到了，楊曼巴也一定會再回來。

對我來說，只有一個感受，那就是信守承諾。藥物都到了，我人還可以不到嗎？

等到我人也到了，開始看診了，開始發揮另一項連我自己都覺得不可思議的小本領：找藥。四、五十箱；醫護人員，我一個人。所以得一邊看診，一邊想到要用哪種藥，然後立刻從「箱海」當中，找出要給眼前這位藏人的藥品。

說也奇妙，十拿九穩，我幾乎每次都能找到。

放在消費者家中，再定期依實際使用的數量結帳補貨。這種綿密的藥品通路體系，曾經是台灣醫療服務的主流，幾乎家家戶戶都會掛上兩、三家藥廠的藥包。

阿母說早期台東縣的情況也是如此，僅台東市有診所和醫院，鄉下地區交通不便，生病只能吃偏方草藥，後來逐漸發展出「寄藥包」的醫療觀念；放置在家裡的藥包，固定時間會有人來增減替換，裡面都是簡單標示可用症狀及使用方法的西藥，像是感冒退燒藥、止痛藥、腸胃藥、外傷敷藥等等，對當時的窮人家而言，特別省錢又方便。

儘管當時資訊閉塞，鄉下人家不知藥害、副作用這檔子事，但是寄藥包的成藥確實也提供了一定的方便性，當然大病還是要送醫院治療。

「我因為讀過小學，認得字，就像村裡的『赤腳仙』，就是你們現在說的蒙古大夫啦，」看到我最近老是愁眉苦臉，阿母還可以開我玩笑：「阿源，幸好你去的地方是西藏，如果是蒙古，就是蒙古大夫喔。」

「媽，這個笑話『粉』冷耶。」我幾乎苦笑著說。

但母親就是母親，就算是苦笑，她也開心。「總之我跟你一樣，也常有老人家拿著藥包來問我服用的方法。或許你今天會當醫生，就是遺傳自我。」

欸，黃女士，請問這個「總之」的結論是從哪裡來的啊？

總之，好吧，我也來學阿母說，總之，我那顆原本有點懦弱、有點失落，外加有點挫折的心，在建立「塔須簡易醫療站」的夢想中，又堅強了一點，勇敢了一點，強壯了一點。

豈料屋漏偏逢連夜雨，就在二〇一〇年四月十四日七點四十九分，青海玉樹發生震度七・一級的大地震，導致至少兩千六百九十八人罹難，兩百七十人失蹤，一萬兩千一百三十五人輕重傷。

天地不仁，以萬物為芻狗，讓人間再受苦煉。

Chapter 4

第四章

希望工程

讓麥子落在土裡

台灣，尤其是我住的台東，雖是位在地震頻繁的地帶上，卻是一直要到九二一大地震後，我才深刻體會到地震可能會帶來多大的傷害。

驚天動地的大事件

由於資訊混亂，我對川藏地區的民眾除了擔心，幾乎別無他法，寺院當然也知道遠方的我必然擔心，便盡他們所能的捎來「相較於重災區，塔須還算平安」的消息。

寺院的住持堪布、土旺仁波切和貢呷仁波切也在地震隔天，即召集了村裡年輕的喇嘛和青年，動用村裡一切徵召得到的交通工具，先到石渠，再轉到玉樹，自動投入救災的行列。他們用最簡單的方式，也就是徒手搬石頭、挖土塊，救助壓在下面的災民，喇嘛們則在一旁安慰生者，並為亡者唸經超渡。

報平安之外，他們也猜到了我還關心什麼，不忘對我說：「楊曼巴，小學的圍牆倒了，教室的土牆也裂了，孩子們暫時得在帳篷裡上課。」

四月分，台灣已經春暖花開，就算春寒料峭，也只是偶爾的乍暖還寒，可是在塔須，雪才剛融，應該很冷吧？想到孩子們得在寒風中辛苦求學，實在心疼，不過最重要的是，他們都平安。活著，就有希望，就能夠繼續上課。

或許你會問，上課有那麼重要嗎？就停課幾天吧！天搖地動的，在帳篷裡也比較安全，校舍再蓋就有。那是因為你不知道，塔須希望小學有多麼珍貴，這可是塔須有史以來的第一所小學，而且是在大地震的前一年，也就是二〇〇九年才剛剛成立，對塔須而言，堪稱驚天動地的大事件。

你可能也會猜，或者用狐疑的眼光和口氣問我，這不會又是我的「傑作」吧？我不是連藥錢都不夠了嗎？怎麼又跑去管教育的事了？

不，不是我，真的不是我。發願建校，化一切不可能為可能，將重重阻力轉變成助力，真的把這所學校蓋出來的人，是貢呷仁波切。

我與住在塔須隔壁村蝦扎的貢呷仁波切認識於二〇〇七年，一開始和他並沒特別親近，更別提保持聯絡，只是在當年離開前，貢呷仁波切跟我分享了一個夢想，由於那夢想太大了，讓我留下深刻的印象。

他告訴我，年輕的時候，他曾經還俗，然後出外。從來沒有上過學的他，因而學會了普通話，並且有機會到一些大都市去，見識到外面的世界與塔須之間巨大的差異。儘管那個世界裡的種種未必都是好的，但他認為在判斷好壞之前，總要先取得認識的機會和判別的知識，這樣才有能力朝進步的方向去改變。所以，他希望塔須能有一所小學，不管男孩女孩，都能進來讀書識字。

這個「不管男孩女孩，都能讀書識字」對他而言，尤其重要。

化不可能為可能

在教育普及率高的台灣，或許很難想像藏區居民至今依然多數不識字。自古以來，只有出家師父、喇嘛才有機會讀書識字，學習各項技能，塔須村的文盲比例，更高達人口數的百分之九十五。

十多年前，縣城蓋了學校，但對大多數的村落而言都遙不可及。以塔須為例，就算搭車來回，一趟也至少要花上六個小時；加上村民年收入極少，小朋友想上學，交通費與學費都是問題。

再來，藏人和漢人社會一樣重男輕女，就算家中經濟許可，也只有男孩子能去讀書，屬於鳳毛麟角中的少數；至於留在塔須當地識字的，都是出家的男童，因為只有他

很難想像藏區居民至今依然多數不識字，交通費與學費都是問題。藏人和漢人一樣重男輕女，就算家中經濟許可，也只有男孩子能去讀書，至於留在塔須當地識字的，都是出家的男童。塔須希望小學，希望不管男孩女孩，都能進來讀書識字。

們才有機會在寺院裡讀經識字，學習其他技能，如藏醫、唐卡繪畫、泥塑佛像等等。換句話說，被排除在外的女孩，幾乎全部都是文盲。

那麼女人都在做些什麼呢？藏區女性存在最重要的價值，就在於上天賜予了她子宮這項器官：一個女人最重要的功能，就是不停地生小孩；從小到大，女性就是不停地做家事，照顧孩子、照顧家人和照顧牛羊。在我眼中，她們真的好像神力女超人，永遠有做不完的家事、生不完的小孩。

有那麼多的事情要做，藏區遊牧社會最需要的，當然就是人口，有人口才有大量的人力，因此在婚姻關係中，生育能力顯得隔外重要，藏人媽媽常常一生便是七、八個孩子，十幾胎也時有所聞，我們覺得好多，他們卻認為再正常不過；除此之外，藏區女性從早到晚，就是提水、擠牛奶、煮三餐、曬氂牛糞、看管牛羊，忙得不可開交，一刻也不得閒。

你問我這視妹妹如珠如寶的人，對此有什麼看法？我當然是無法接受，但又無可奈何；就算有極少數女子出家為尼，但在重男輕女的藏傳佛教僧眾體制下，傳承習法也頗多限制，所受的尊榮，和她們的受教權一樣，始終遠遠不如男性。

身為男性的貢呷仁波切，立意要改變這種不平等的現況。他跟我說他要由自己做起，希望能夠突破藏區舊思維，蓋一座學校供小朋友免費就讀，不分男孩女孩，都享有同等的受教權，而且不同於縣城裡的學校只教普通話，藏區的小學要藏漢兩文併存。如此一來，就可以保存藏區逐漸流失的藏語、藏文，避免珍貴的文化消逝。這位尊榮的仁波切首先分享偉大夢想的對象，當然是寺院，但幾百年來不曾有過學校的塔須，如何負擔成立一所學校所需的大筆資金？那可是個大工程啊！

「再等些年吧！過幾年再看看吧！」幾乎每個人都這樣對他說。

塔須希望小學是我在義診以外的另一個未能預期的夢想工程，卻肯定有其意義，而且是重大的意義。這是我除了醫療協助外，在塔須看到的另一個希望，另一個改變的機會。希望既然開始了，就要一直一直讓它燃燒下去。

沒有任何文字可以形容我看到學校裡有女孩時的喜悅，那幾乎是狂喜與感動的結合。我們也堅持要雇用女老師，因為有些家裡實在太遠的孩子，必須住在學校裡，從來沒有照顧女學生經驗的寺院師父，根本不知所措。但是要女老師來到這川藏區最貧窮的縣裡最貧窮的鄉，最貧窮的鄉裡最貧窮的塔須村來教書，實在是萬般艱難。但是再怎麼艱難，還是要堅持，女老師除了言教之外，還負有身教的責任，可以讓女孩們知道，除了像她們的奶奶、外婆、媽媽等等女性長輩結婚生子之外，女生的出路，還有其他的可能。

賣房子、借錢，只為了蓋學校？

二〇〇七年我也才第二次上山，看到他與我討論夢想時，那充滿希望與憧憬的眼神，我當然很感動，可是回頭想到自己的奉獻花在醫療上尚且不足，懦弱的我實在不敢給予貢呷仁波切任何建議，甚至連蓋學校需要多少錢都不敢問，更別提輕易的承諾了。誰知道就在我無法上山的二〇〇八年，貢呷仁波切請人捎來消息，說他已經在塔須蓋了希望小學。

啥米！

那幾乎是唯一浮現在我腦海裡的字眼，怎麼可能

但這一切都是真的，他說到做到，而且不願意再等。他賣了自己的房子，連同一切值錢的東西都賣掉，再向所有能借、也肯借錢的朋友借了錢。總之，一心朝著先將學校蓋起來的目標前進，其他的再說。

這可是川藏甘孜地區的第一所寺院創辦的私人小學，要知道，「仁波切」是藏傳佛法給他的尊榮，今天要是他變賣了一切，是為了蓋佛寺、建佛塔和塑佛像，那是理所當然。興盛佛法，不但馬上就會得到認同和禮遇，還能接受大家的供養和讚揚，可是，

貢呷仁波切卻為了帶給塔須不同於以往的思維，希望家鄉能有好的改變，而蓋了希望小學，可說是前所未見、前所未聞的「異類」。

這個異類想完成的成果，不是短時間內就可以見到的。當地人，尤其是老一輩的人認為，想讀書識字，出家學佛法最好也最順當；至於女孩子讀書，那是無稽之談，她們何必上學？結婚生子單純簡單過一生就好。

但他就是這麼做了，還將自費蓋起來的學校捐給寺院，自己則和家人委身在臨時搭建的帳篷內。但，讓人沮喪的是，這座散盡他家產、在春初蓋好的小學即刻面臨了第一個大難題：有老師，卻沒有學生。

教室三間，藏人老師也有四位，雖然只是擁有最高學歷的當地人，終究是尋之不易的高中生，但學生卻只來了「小貓兩、三隻」，這對貢呷仁波切而言，可以說是最大的挫折與考驗。

不過連房子都敢賣了的人，還有什麼好怕的呢？他非但沒有退縮，還立即號召土旺仁波切及寺院堪布住持、資深老喇嘛在寺院大殿內討論。貢呷仁波切耐心的向大家說明他的理念，讀書識字不應是寺院出家人獨占的優勢，也並非男性才能享有的特權，塔須希望小學屬於塔須、屬於寺院，應當讓孩子們都來上課，接受寺院的督導和佛法的薰陶，長此以往，大家一定看得到改變，而且一定是好的改變。

接著他又親自到一戶戶人家去解釋，到一個個帳篷去勸服，耐心闡述他為塔須孩子們築起的偉大夢想。看到這邊，大家一定覺得很熟悉吧！多麼像我們台灣四〇年代，學校校長、主任或者老師，到無法或者不肯讓孩子繼續升學的家中去懇求勸說的畫面。

他答應家長，春夏期間，學生通勤上學，放學後或休假時，可以幫忙家裡放牛羊、做家務；至於冬天，礙於八個月冰封期，就讓他們住在學校，食宿全部免費，安心讀書，等雪融了再回家。

孩子，是塔須未來的希望

一個月後，塔須村的孩子們，多數都獲得家長的同意，來到貢呷仁波切為他們築起的夢想堡壘當中，而這時的他卻得暫時離開塔須。因為這堡壘雖號稱「夢想」，用的卻是「現實」的磚瓦，為了籌足老師薪水、學生學費及各項支出，無論再冷、再遠，只要有人請他，貢呷仁波切都不辭辛勞地到處去替人祈福修法。

近百名學童中，有三十個出家小男童，全都集中到學校來一起讀書。教室空間很

快的就不敷需求，在等待新校舍建成時，有的孩子就得以帳篷充當教室，磨練心志。

二〇〇九年的夏天，我一到塔須，貢呷仁波切即熱情邀約我去參觀塔須希望小學，那時已有六間校舍，四位藏人老師教導著近百名學生上課。

說到上課的內容，我真的不能不佩服貢呷仁波切務實與理想兼顧的智慧，好不容易有了學校，當然要與藏區外同步，才好跟外頭的世界接軌，但也不能忘記自己的傳統，所以孩子們除了要學習跟整個中國地區一樣的課程，尤其要會說漢語，會寫中文

外，也要接受藏語的傳承和藏區的知識，就像我們台灣對各族母語和傳統文化的珍惜一樣。

我很認同貢呷仁波切的想法。讓塔須孩子接受教育，他們才更有能力去學習佛法、親近佛法。佛法絕不只是出家人獨有的財富，也不只有繞佛塔、讀經書而已，教育可以讓他們領略其中更深層的奧妙，而唯有真正融入信仰中，孩子們才更有力量對抗與拒絕未來愈來愈多的外來誘惑。

那一年看診空檔休息的時候，我最喜歡到學校走走，去體會知識衝撞的力量，去感受潮流改變的力量，去享受孩子們無邪吶喊的力量。

感受的同時，也經常不無內疚的思量著，兩年前，貢呷仁波切跟我分享他的夢想時，我是不是先入為主地擔心他希望我全數贊助，因此而退卻呢？而如今，他真的把學校蓋起來了，我能幫貢呷仁波切做點什麼？能幫塔須小學做點什麼呢？

這樣思考著的我，與貢呷仁波切都注意到了一個現象，就是孩子們的學習成果似乎不如預期，是他們先天不良嗎？經過觀察，才發現應該是後天失調，老師都很努力了，但高中畢業的他們，畢竟缺乏專業的訓練，怎麼辦呢？

所謂術業有專攻，學習如此，教導何嘗不是？如何學很重要，怎麼教更是基礎。老師懂不懂教學技巧，對學生的吸收而言，差別真的很大。

現在不做，就來不及了！

就這樣，從二〇〇九年回來台灣後，一直想、一直想，要如何幫忙都還沒想得很清楚，二〇一〇年在我動身前三個月的這場大地震，倒將我想幫忙的小學圍牆給震倒，將教室的土牆給震裂了！我眼前又浮現貢呷仁波切二〇〇七年談及創校夢想時，那滿懷憬憬、期盼我協助的眼神，彷彿讓我再度見到自己二〇〇五年拒絕堪祖仁波切邀約上山時

我相信，教育能把希望的種子播種下去，當這群孩子為人父母以後，就會有比較肥沃的土壤，他們的孩子也更有機會茁壯。

的膽怯及懦弱。

有些事情現在不做，就真的來不及了！我決定追隨貢呷仁波切，扛起重建學校的責任，並且允諾支付每學年的學校教師費及部分行政支出。

首先，我們從師資改善起。既然在地的高中畢業生不曉得教學的技巧，我們就該鎖定懂得如何教孩子的人，這一次，貢呷仁波切直奔青海找老師。

人選有了，可是也要請得來才算數。要他們離鄉背井到塔須來教孩子，用原來的薪資是不合理的，當然要視實際情況來提高，而這筆多出來的錢，就由我來負擔，所以從此，每年上山義診，我就一併攜帶塔須小朋友的「希望費」前往。即使教師的薪水一年比一年高漲，至今每人每月薪資約兩千五百元至三千元人民幣，我仍視這項負擔為甜美的服侍。

只能應允這一「部分」，當然是阮囊羞澀，實在

無法負擔全部，而且我一直以來的想法是，別人的幫助只是鼓勵，唯有自己的獨立，才是力量。塔須人也要自動自發，我們才能一起發光發熱。

二〇一〇年之前，逢上少數知道我上塔須之事的台灣朋友，我最常面對的問題是：「為什麼每次都生不如死，你還是要上去塔須？」

萬萬沒想到有一天，我會面對塔須村民因為捨不得我花這麼多錢，而問我：「楊曼巴，你為什麼願意到這麼落後的地方幫我們辦學校？讀書識字有用嗎？」其中有名二十五歲的婦女一再問我，最後我只好跟她說：「有讀書就有機會，對一個人、一個家庭、一個地區而言，是希望的開始。」

讀書後，或許這些孩子就有機會更進一步地到外地求學，多一種生活選擇；就算不行，也能透過教育學會照顧自己，將來還是有無限的可能。這名年紀對我而言就像個妹妹，卻已滿臉滄桑的婦女，聽了之後告訴我說，她從來沒讀過書，也沒去過縣城，每天只是不停工作、做家事和照顧家人；她已生了六個小孩，她的女兒就在希望小學念書，她希望女兒能「一直一直讀書」，別像她一樣。末了她還深深感嘆：「楊曼巴，你太慢來塔須、太慢蓋學校了，不然別說是我的女兒，連我都能讀書。」

只要能讀書，再苦都不抱怨

以前覺得讀書是苦差事，直到在此刻的塔須，才深深領會這是得來不易的福分。塔須地域寬廣，部分住在遙遠山頭的學童，每天都要步行來回三小時的路程，真的是「跋山涉水」到學校讀書。

我問老師：「孩子們會不會抱怨辛苦？」

他們說絕對不會，因為「一旦說苦，家裡的老人家就叫他們去放牛，不要讀了」。無論在校或者回家，他們一定會把功課寫完，因為若不用功，成績不好，家長一樣不會讓他們來學校，會要他們乾脆留在家裡幫忙做家事。

有名十二歲的女童對老師說，她從小的工作就是看顧牛羊，相較之下，上課有趣多

了；若不讀書，過幾年父親可能就要她嫁人，但她現在讀了書，以後想要當老師，回來塔須繼續教比她小的孩子念書。

看到塔須的孩子艱困生活，卻奮鬥求學，我都覺得慚愧。

他們不知道的是，遠方還有一位女性，支持著這項希望工程，那就是我的阿母。

母親的支持，是我堅持協助塔須辦學的另一關鍵。就在決定支持塔須小學的同時，阿母拿出了一張郵局定存單給我；面對我驚愕的表情，她只是一臉堅定的說：「剛好年限到了，就領給仁波切去辦學校吧。」

我這才知道，原來阿母小學畢業時，學校校長、主任及老師，都親自來拜訪外公，拜託外公讓一定考得上初中的阿母讀書，外公也一口答應，結果報名時間到了，外公卻叫阿母趕快下田工作，說女孩子家是將來要嫁人生別人

家孩子的賠錢貨，花什麼錢去讀初中，沒幾年就是別人家免錢的傭人，還是下田工作實際，讀書只是多浪費錢罷了。

阿母說著、說著，眼眶漸漸含淚，彷彿又回到那段不堪的日子。她說外婆和她跪著求外公讓她去報名考試，跪求了三天，結果外公拿起棍子，主要還不是打她，是狠狠地打外婆，像打流浪狗一樣不留情面地打，外婆後來被打到昏倒了，阿母捨不得自己的媽媽，就下定決心，斷了讀書的念頭。

後來，學校校長還寫信給阿母，生氣地詢問她為什麼不守信用，沒去考試，沒去讀初中？

「收到信後，哭了好多天，」說到這裡，阿母已經堅強地收起眼淚。「哭乾了眼淚，也哭完了讀書的夢。女人家，苦命人，就是沒讀書，才會苦命一世人。」

之後阿母看見自己的弟弟搭上九年國教列車，妹妹也勇敢抗拒父親北上求學，更為自己無法讀書而感到無限遺憾。

「阿源，要好好為這些女孩子多做一點設想，因為貧窮人家的女孩子是非常非常不值錢的，一定要更努力把她們從勞動中拉回教室好好讀書識字，才會有美好的未來。至少，不用像賭博一樣靠男人生活。嫁個好男人，是賭贏了，幸福一輩子；嫁個不好的男人是賭輸，歹命一世人。能讀書識字，自己有工作能力，就不用靠男人。讀書，是艱苦囝仔的未來希望，尤其是那些可憐的查某囝仔。」

被夢想追著跑

其實我內心很清楚，如果沒有我，貢呷仁波切終究還是會實現他的夢想。但我也知道，塔須希望小學是他看到了連我這位外來的醫師都願意協助他們，所以加速自立自強蓋起來的學校，雖然是在我義診以外的另一個未能預期的夢想工程，卻肯定有其意義，而且是重大的意義。

這是我除了醫療協助外，在塔須看到的另一個希望，另一個改變的機會。希望既然開始了，就要一直一直讓它燃燒下去。不做一個因為一時感動，就為他人點燃短暫的希望火花，然後又轉身離開的殘忍慈悲者，不是我一直以來對自己的叮嚀嗎？

都說教育是百年大計，如果這個工程啟動後卻無法繼續，不僅對塔須的小孩是個損失，塔須人的未來希望也要歸零，往後若要再重新開始，會難上加難。

目前，塔須希望小學已聘請七位教師，有兩百多個學童就讀，從幼兒園至小學五年級，六間校舍已不夠用，未來年級制還會再增加，我預估屆時學校盛況恐怕不止於此。歡喜的同時，我也知道這代表著什麼，那就是由我支付的教師薪資費用，年年會往上攀升。

二〇一四年，孩子當中就有人要升上六年級，然後小學畢業了。有人已經開始問我有什麼計畫？要設立中學嗎？這可是個很好的大問題，我要好好地、好好地思量。

我經常說，別人看到我好像不斷的築夢又圓夢，其實是夢想追著我跑。學校是貢呷仁波切散盡家產蓋起來的，我受到感動，才籌措老師薪水的，所以未來的目標，實在無法多談，怕談了也是白談。

目前，我們只希望塔須小學能夠長期維持至少六位具備大學畢業資格的老師，每個老師每個月的薪水底線是兩千五百元人民幣，少於這個金額，根本沒有人願意到這個一窮二白的地方來教書。就算高於這個金額，也只能讓他們考慮來此兩、三年而已，一旦存到了第一桶金，或者有更好的工作機會，他們就會離開。

六個老師一個月的薪水，最少共需一萬五千元人民幣，換算台幣，一個月就要七萬五千元。

成長過程中，我不是受到很多人的幫助嗎？現在換我期待自己可以成為塔須孩子成

讀書後，或許這些孩子就有機會更進一步地到外地求學，多一種生活選擇；就算不行，也能透過教育學會照顧自己，將來還是有無限的可能。

長過程中的「貴人」之一，我的終極夢想，其實是塔須哪天出了個醫生，而且願意回到這裡來行醫，但這也僅僅是能夠放在心裡頭，無法拿出來要求孩子們的夢幻逸品。

現在是連延不延續這個夢想，我都沒得選擇啊！根本就是反過來被塔須希望小學追著跑，做個不是追求夢想，而是被夢想追著跑的人。

在「無醫村」推廣醫療教育

學校教育是往下紮根，面對塔須人，我心裡還有另一個想要推廣的「教育」。那就是健康教育，或者可以說是日常的衛教。原因是礙於財力與人力，我能帶上山的藥物就算再怎麼多，終究有限。如果能夠從日常習慣改變起，好比說減少寄生蟲，即便只是小小的一步，都能降低我年年重複的驅蟲治療。

然而多添了「教育」這份思量的我一回到台灣，心思就又被更具急迫性的醫藥不足問題所困擾，畢竟保住性命，還是比什麼都重要。好不容易在神父、修女與母親的啟發下，「寄藥包」的想法成形，我決定仿照這台灣早期的醫療方式，來補足我不在塔須時的醫療空窗期。

不同的是，藥包不會放在家戶，而是全部放在寺院裡，這樣給藥公平，對信教虔誠的塔須人而言，也有特別的意義；藥包將分成A、B兩款，我會訓練一位聰明的喇嘛做「半醫療協助者」，針對到寺院來求診的病患症狀給藥。

為恐自己的醫學知識水平不足，無法順利運作塔須簡易醫療站，二〇一〇年行前，我特別慎重求教許多醫師藥師，希望聽聽他們對於這「赤腳仙醫生館」的想法。

結果又撞牆了。

不管我花多少時間解釋，不得不這樣做的緣由，獲得的回應依然負面；對於身處用藥便利的台灣醫護人員來說，不是認定「這很危險」，就是建議「應該先做檢查再確定診斷藥物吧」。更狠的，乾脆不發一語，直接給我一個「你真不夠專業」的白眼。

我是醫師，當然知道最好有醫師診斷評估、最好先做檢查再來評估用什麼藥物治療，但現實擺在眼前——塔須是個無醫村！

什麼叫作無醫村？就是沒醫院、沒醫師、沒護士、沒藥物！連做個簡單的身體檢查都不可能，所以才叫作無。醫。村。我實在是個無可救藥的樂觀者，就是喜歡撞牆，反正我頭夠硬，撞破了，敷一敷藥，回頭去問「老仙角」神父修女，然後做「比較人間」的實踐就是了。

二〇一〇年夏天，我抱著這樣單純的想法，前進才剛重建的玉樹災區。事實上，我們這些外來客反倒從那混亂中得到了方便。

玉樹機場全面開放！我可以直接從西寧飛玉樹，雖少了沿途青藏公路如詩如畫的美，但也少了光是單程就要三天的辛苦車程。

成為大工程的，反而是從台灣寄藥到塔須。這一年，除了照例準備要發給阿公阿嬤每人各一百五十顆葡萄糖胺錠、止痛藥和綜合維他命外，塔須「赤腳仙醫生館」……，啊，它的正式名稱是「塔須簡易醫療站」所需的感冒藥、胃藥、抗生素、眼藥膏、外傷藥膏、抗過敏藥、腸胃用藥等等，林林總總快三百公斤。

帶藥進災區，合情合理，名正言順，我終於在塔須成立了簡易醫療所，給了塔須人更完整的保障。老人家知道以後我不在的冬天，他們至少都還有A、B兩款藥包，可充做「見佛祖」前的兩道防線，他們對我說：「我沒有什麼可以報答你的，只能每天念佛，為你祈福。」

也有老人家會偷偷塞當地珍貴的冬蟲夏草給我。那可是他們除了氂牛和羊之外，用來買賣換取微薄生活費的貴重中藥，如今卻不惜拿出來表達對我的感謝與疼愛。

因此之後，每年回塔須，除了為六十歲以上老者固定準備的藥物外，我還會為那

在終於等到真正了解我，願意與我共度人生的伴侶，也就是二〇一三年前的歲月裡，在台東，有哥哥及妹妹的小孩陪伴阿母與我，讓我體會小孩為人間天使的喜樂。而在塔須，更有一年比一年多的就學孩童，從幾十個到幾百個，他們都是我的孩子。

些勞碌一生卻寂寞無依的高齡者，額外多準備一份「特別的禮物」，包括奶粉和營養品等。他們紅了眼眶還沒關係，就怕會跪地哭泣，我每每承受不起。

到了我要離開時，他們更是連家中祖傳的佛像都拿出來送我，因為最困擾他們的，就是不曉得要回贈我什麼，常說隔壁村莊的藏民都好羨慕他們有我這個「曼巴」。

很難描述清楚面對這些善意回饋的感覺，就是快樂、溫暖、舒服。他們的回應，讓我知道對於我，他們已經從最早搞不清楚我為什麼要一直來的疑慮，到相信我會一直回來的篤定了。

珍惜已經有的，而不是想著自己沒有的

塔須人擁有最少的東西，我卻在他們身上看到最多的喜悅。身為身心科醫師，常有病患對我訴說人生種種的不公平、不合理、不正義。上塔須以後，我發現擁有許多的我們，如果不曉得珍惜，同時失去的，可能更多；但只要反過來從他們身上學習，得到的，往往比我們所能想像的多。

或許有人會認為塔須、乃至於整個藏區的幸福感受，大半源自於他們的「末明」，

就像從來沒有吃過巧克力的人，你再怎麼跟他形容箇中美味，他還是無感。

而我的介入，提早了他們改變，這加快步伐的影響，一定就是好的嗎？我可不敢如此托大，頂多，只敢說稍微改善了他們的醫療條件，但也只是「稍微」而已。

塔須的婦女成天忙碌，任勞任怨，從不喊苦，就像早期我們台灣的女性一樣，好比說我的母親無法升學，她的弟弟卻能一路讀上去。埋不埋怨？當然埋怨；接不接受？可以接受。為什麼？因為周遭人等，大半都如此，當環境如此時，也只能接受現況，甚至去享受現況，珍惜已經有的，而不是天天去想著自己沒有的。

宗教，誠然是他們最大的寄託，不只是婦女而已，幾乎所有塔須的藏人，世世代代，都有這種認知。你說他們阿Q也罷，說他們是因為與外界的世界隔絕，所以容易滿足也行，總而言之，對於外來者覺得苦不堪言的環境，他們就是能夠甘之如飴。

就像我這平時長期處在醫療便利、各式藥物唾手可得的環境中的醫生，即便他們常見的是退化症、營養不良等非重症的病狀，即便藥物準備得再多樣、再大量，還是有令我棘手的時刻，但危機往往是轉機，這時就必須動腦筋，把不可能變成可能。

由衷盼望在他們原先藉由信仰得到的幸福感外，還能享受改變所帶來的加值，而不是扣分，甚至是破壞。

《仁醫》的劇情竟在塔須村重現

我雖沒看過許多人喜歡的日劇《仁醫》，但聽說那位從現代日本穿越時空，回到幕末時代的主角人物，情況與心情，與我頗多類似之處。這部日劇最引人入勝的地方，也是作者最成功的設計，便是南方仁醫師以現代公共衛生與醫學的角度，觀察當時的江戶生活，竟然有了許多新發現。

我在塔須，也有同樣的經歷和心情。

曾有位母親抱著燙傷的小女孩來求診，女孩的背部紅腫，甚至已經開始發黑，痛得哇哇叫，根據經驗，我推斷這燙傷已經有兩、三天。如果是在台灣，一般的處理原則就是先以無菌紗布等器材，替小女孩清創傷口，施打麻醉針減緩女孩在敷料和包紮過程中的痛楚，然後注射抗生素，避免傷口持續發炎惡化。

但是身在無醫的塔須村，無菌醫療用品根本就是妄想。麻醉劑？根本不存在。我靈機一動，利用沸騰開水煮一條乾淨的布，清理女孩的傷口，慢慢剝下壞死的皮膚。當然，即使已經先給她吃下止痛藥，小女孩依然難忍痛楚地掙扎哀叫。

用如此陽春的方式完成清創步驟後，我為小女孩敷上藥膏，再蓋上一條以滾水煮過

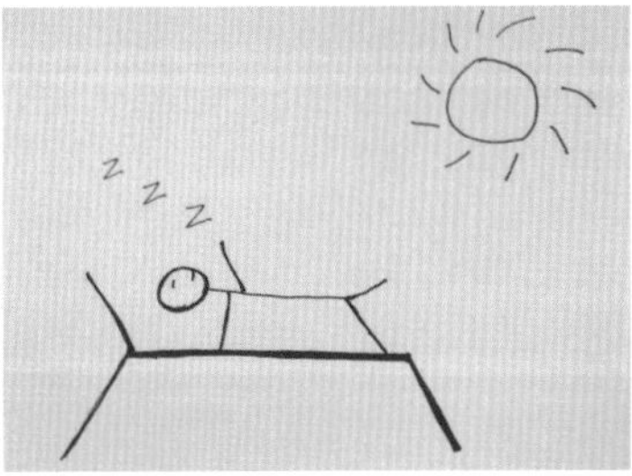

塔須村民們穿得那樣輕便，看看我，卻還得圍著圍巾，因為實在有夠冷啊！

面前的紙筆，是讓我拿來塗鴉用的，因為他們不識字的居多，而就算他們識字，識的也是藏文，換我成了文盲，所以只能看圖說話，畫圖交談。

交談的內容，當然是用藥須知。藏人一天大都只吃兩餐，通常晚餐吃了以後就去睡覺，也沒有我們習以為常的二十四小時觀念。所以我入鄉隨俗，平常我們一天吃三餐的藥，改成一天兩餐，右圖畫的就是白天的時候一包，睡前再一包。

的布，予以濕敷，再讓她服下口服抗生素。接下來，說真的，我簡直就是那位老藏醫上身，只能希望這位拖了太久、傷勢太嚴重的小女孩有好的福報，誠心祈求佛祖保祐。

我原本是不敢奢望的，畢竟女孩若能好起來真的是奇蹟。出乎意料之外的是，女孩一週後回診時，背部的傷口已經大幅改善，甚至開始長出新肌膚，讓我驚喜極了。

醫好傷，救回性命，當然歡喜，但比這更開心的是，小女孩又可以跟塔須其他女娃兒一樣，回到學校去上課。

視病如親

一件事情一定要一直堅持下去，才能看到力量。到二〇一二年，我已經七度上山，他們對我也從一開始的不信任，到今日成為好朋友，因為從我持續的行動，他們看到了外來的力量，所以他們願意接受健康觀念，接受讀書。

塔須人說，在他們眼中，我是沒有被認證過的仁波切，帶給村民身體上的助益，還有心靈上的圓滿。仁波切我是絕對不敢當的，光是聽到都覺得惶恐，倒是視我為塔須人，讓我獲得全村信賴，可見時機成熟，我可以開始推展公衛宣導，改善當地不符合衛

我能改善塔須村民某部分的不舒服，並不代表我偉大，或有多麼神奇的能力，我只是一個因緣際會、得以常懷重視他們尊嚴的平等之心來服務的小醫師。

生觀點的飲食文化及生活習慣了。我希望從根本著手，幫助塔須人保健身體，期待減緩可能的疾病發生率。

你問我，從照片當中看到，我在塔須從來不戴口罩，為什麼？口罩不是醫護人員，甚至是所有人看診時的必要裝備嗎？難道因為塔須位居高處，空氣特別清新，不需要口罩？

讓我先說一個故事吧。曾有一位小腿受傷的老婆婆來看診，既然是老婆婆，就是生過小孩，加上年紀大了，難免有漏尿的問題。長裙一撩、我一彎腰，那嗆鼻的異味立刻讓我暈眩，但我知道這種時候，不要說動作不能稍有停頓退縮，就連眉頭都不該皺那麼一下。

小時候不是常聽說生活在很冷地區的人，一生只洗三次澡嗎？出生一次、結婚一次、往生一次。塔須人或許沒這麼誇張，但年平均溫度是零下七度，當然不可能像我們天天都能洗澡，甚至炎夏時一天沖上三次澡。尤其年紀大了以後，長年不洗澡才是常態，所以如以上的案例很多，我一點兒也不覺得髒或臭，只是心疼。若我能和塔須人飲同樣的奶、吃同樣的食物、一個月不洗澡，那為什麼不能不戴口罩看診？

如果我戴口罩，不就讓他們覺得自己髒，那他們怎麼還會想來看病？面對每一位病患，我始終抱持著尊敬和感恩的態度，若戴上口罩，反倒顯得太不禮貌，也不夠尊重。

清潔，要因時、因地制宜，不過公衛，卻是可推行的習慣。第一步，我宣導當地人不食生肉、不喝生水。

因為每年上去，寺院就是我的臨時診療所，所以宣導也從這邊做起，對老一輩的村民而言，數十年的飲食習慣要改實在太難，就算透過寺院內備受村民信賴的師父協助指導，成效也有限，總是要我一對一的叮嚀，才願意慢慢學習及改正。

所謂江山易改，本性難移。到塔須藏人家中去作客，會看到他們鍋子上頭掛著一塊布，碗筷洗乾淨了，用它擦，鍋盤髒了，也一樣用它擦，總之就是一塊布走天涯。我們會說：怎麼這樣？但對他們而言，就是如此的天經地義。

所幸兒童或青少年透過團體的關係，就比較容易改善。我會到學校去展開衛生教育，透過翻譯，以最淺顯易懂的方式，向小朋友解釋：「水裡有看不見的細菌和蟲。」並廣發驅蟲藥，幫助師生排出體內不潔的蟲、菌等。許多師生吃過藥後，紛紛覺得肚子痛，上過廁所後，還會興奮地來報告說：「原來便便裡有很多白色小蟲。」

另外，塔須小朋友喜食酸奶加糖，卻不懂得要清潔口腔，外來糖果文化也影響著兒童的牙齒保健，我因而發現滿口蛀牙的孩子愈來愈多。後來我發給小學生一人一支牙刷，在教師的配合下，嚴格要求至少睡前要有刷牙的習慣。生活習慣的調整，才是永久的健康方法。慢慢做，總會有成效。

愛不是用來「表現」，而是用來「體現」

我自許要站在塔須人的角度，以塔須人的眼睛和心思，來看待未來可能面對的各種病痛問題。在可見的未來幾年，甚至好幾十年，無醫的塔須村可能依舊做不來複雜的外科處理，所以我不進行需要大量人力照應的診治作業，因為我不在的日子，目前的塔須人哪有能力面對積極診治後可能需要的一連串護理行為或自我照顧？

來愈多次，我愈堅信塔須並不一定需要我們，沒有我們，他們依然能夠保持某種程度的自在、快樂；像現在這樣，我能改善塔須村民某部分的不舒服，並不代表我偉大，或有多麼神奇的能力，我只是一個因緣際會、得以常懷重視他們尊嚴的平等之心來服務的小醫師。

他們當然感謝我，但是他們更感謝的，是堅信安排我到塔須來的佛菩薩。我覺得這個信念很好，這個信念讓我可以站在與塔須人同等高度和位置來服務他們，而不是施

JAMONT
ONTHE
LEFT
CLASSIC
38

捨，同時對於接受服務的塔須人，反倒能夠深深感謝，感謝他們施捨給我的快樂。

塔須人教會了我，愛不是用來「表現」，而是用來「體現」。

楊曼巴與楊醫師

這一年下山，在轉換開關，從楊曼巴變回楊醫師的過程中，我依然是那個最捨不下牽掛的人，只能拚命告訴自己，不要再去想今年一臉燦爛笑容的孩子，明年是不是還見得到？今年殷殷為我祈福的阿嬤，明年是不是還能搶得看診頭香？畢竟這裡的冬天太冷了，所以每當台灣朋友問起我塔須人口數，我總是只能給個三到五千的範圍，而無法界定確切的數字。塔須的教育還在起步階段，塔須的醫療更是百廢待舉，每年在山上，我總是想著海峽那端的我的家鄉台東。

塔須這邊，有個脊椎側彎的女孩兒，我估算過，要動手術治好她，費用大約就等同於我上塔須一年的款項。我想不想幫她？當然想，可是能不能一年不上塔須？一年不支付當地小學老師的薪資？

不能。

台東那裡，有大部分都處於社會邊緣的弱勢病友，有的孑然一身，有的孤苦無依，有的家徒四壁，有的完全沒有社交現實感……過去不提，就連現在，偏鄉的教育和醫療，與都會區相比，依舊偏弱；所以面對對我發出質疑：「台灣人都救不完了，楊醫師你為什麼還要到塔須那麼遠的地方去救？」的人時，我都能夠理解，且耐心解釋，或者用我一年十一個月的盡心付出，來身體力行我對家鄉的服務。

在山下時牽掛山上，在山上時，又牽掛著山下，我還真是個放不下的笨俗人，實在有愧於上師的教誨。

而這一年在下山途中，一樣忍住淚水的我，並不知道未來的一年，在台東，在台灣，上天會賜予我更多的鼓勵、協助與支持，讓我這已經很有福氣的人，變得更幸福。

Chapter 5

第五章

支撐我向前的力量

「楊醫生，你要記得回來喔！」

我曾是害怕面對死亡問題的醫學生，逃兵似地躲進了精神科病房，根本沒想到從那以後，依然得時時面對想不開而尋短見的病友，這情形與其說是反諷，還不如說是上天特別的安排。下面是一位罹患精神分裂症的病友應我之邀，所寫下的分享文字。或許，可以讓大家更加了解精神疾病對健康的傷害，絕不下於其他侵襲生理的疾病。

病了十二年，一開始只有出現模糊的症狀，從第六年開始病情轉為劇烈，不間斷的耳語絮絮叨叨的，像黏稠空氣包覆著我，無法逃開。像是二十四小時要跟一群對你充滿惡意的三姑六婆相處。

有一陣子我拒絕相信自己的疾病，認為自己像是在楚門的世界一樣的虛幻舞台上。所謂真實的世界，是身邊的人所堆積的虛幻影像，而那些聲音才是不經意的真實揭露。我處心積慮的想要找出窺探我的人，想從我的敵人那裡知道真實的面貌，防備心十足的對待親近的家人朋友。

想要在虛構裡找到真實，同時對真正的關心產生懷疑，懷疑愛你的、你愛的人，懷疑簡明的事實，懷疑每個人，當然，也懷疑自己。

不能吃、不能睡、不能做事、不能思考。

這期間雖然不間斷的接受治療，可是在不信任任何人的狀態下接受醫生的幫助，又怎麼會對他和盤托出每日病情的變化，藥石自然罔效。

三年前，我開始接受現在這個醫師看診，服用×××，病況才穩定下來。不再有虛構的聲音擾人，生活恢復了正常，不再懷疑真實人生。

有我這樣服用新藥就好轉的病例，自然也能有成功的第二例和第三例。最後我想說的是，沒有任何一位病患生活回到常軌的機會，應該被自以為是商人的醫生給活生生的剝奪掉。

弱勢中的弱勢

眾所皆知，台東從來就是台灣的邊陲地帶。「最後的淨土」、「美麗的後山花園」這些話說來好聽，卻粉飾不了種種因偏遠而帶來不便的事實。教育或交通的不便，可以靠老師與家長的努力，或者無奈的苦笑來接受。惟獨醫療，生死交關，可不是靠忍耐就能「吞」下去的。於是，久而久之，若說醫療上的弱勢，台東認第二，恐怕無其他縣市敢認第一吧。

而我的病友，也就是非生理上疾病的精神病患者，更是弱勢中的弱勢，原本就是比較不為人了解的痛楚，又身在地理環境南北狹長的台東，光是要到市區來就診，就得花上漫長的車程。

十個住院的精神分裂患者，十個都是因為沒有持續服藥。即便到了憂鬱症、躁鬱症等精神疾病已經比過去廣為被大眾接受的現在，還是有許多人會像過去那樣以為他們是「被鬼附身」，而他們也容易因為幻聽、妄想等症狀，使得自我照顧能力退化、影響社交行為，必須終身服藥或打針控制，否則對家庭和社會都是個隱憂。

精神分裂患者尤其經常被污名化。其實，這是一種生理疾病，早早寫在人口比率百分之一的基因當中，通常到了二十歲左右，便容易發病，也因為前二十年可能都與正常人無異，所以更容易被當成「中邪」對待。

我經常說他們就像被上天開玩笑的人，抽中了百分之一的籤，連帶的就替我們這百分之九十九的人擋掉了得這基因的機率，就像是過去兵役還有三年、兩年之分的年代，一屋子的阿兵哥，如果有人抽中了三年馬祖，或者三年金門，那些還沒抽的人，是不是就暗自慶幸，因為又少了一張「金馬獎」，自己留在本島兩年的機率就更高了一點。

如果以這個角度來說，我們是不是應該感謝這些病友，好好的照顧他們？

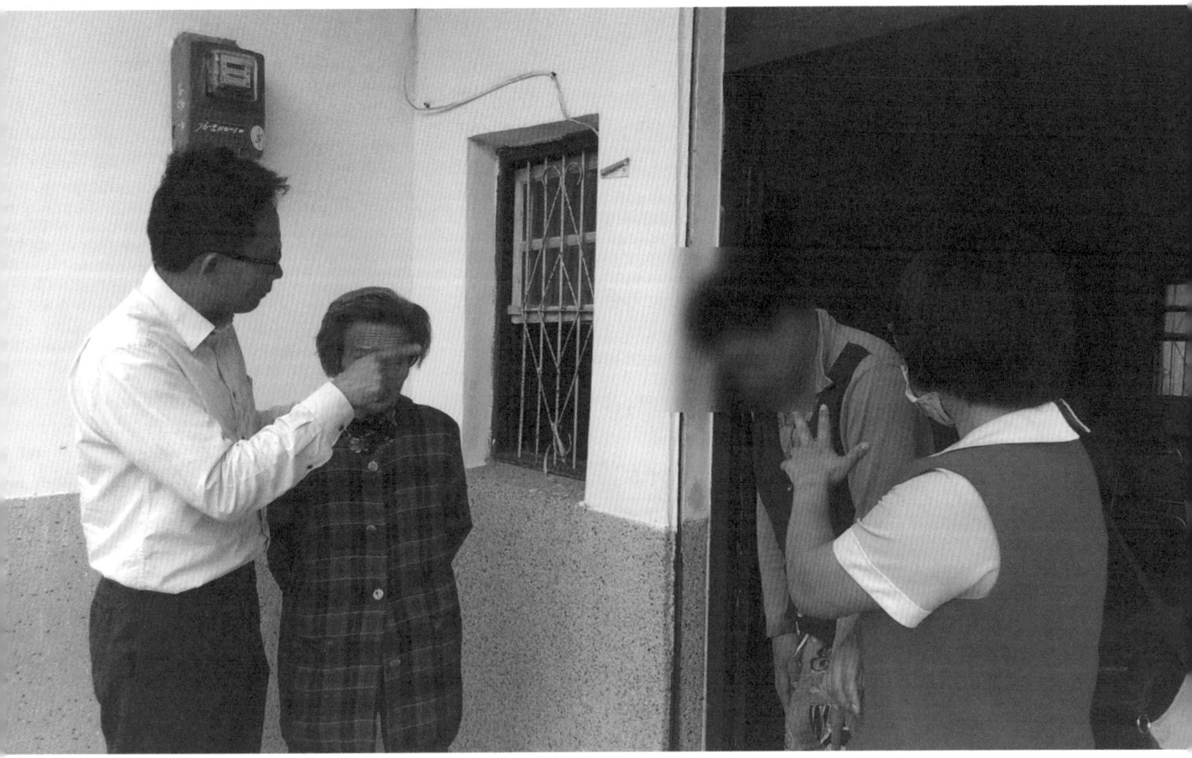

「有沒有喝酒？」
「沒有。」
「有沒有罵阿嬤？」
「沒有。」
父親罹患巴金森氏症的他，平常與阿嬤相依為命，一起照顧重病的父親，我們每兩週會去幫他打一次長效針。過去之前，一定會先打電話通知他，免得撲空。結果，因為他沒接到品蓁的電話，以致於我一到，就看到了他來不及藏好的酒瓶，這下子連第二個答案我都懷疑了。
果然改問阿嬤，就算是愛孫心切，知道我是唯一制得住他的人，也說「有被他罵」。
這下子我可有得唸了，不過看他被我說沒兩句，就全身發抖，顯然完全明白自己做錯事了。這個孩子啊！需要每兩週一次的兩帖藥，第一帖，是長效針，治療他的精神症狀，避免他產生幻覺；第二帖，當然就是楊醫師的碎碎唸，可以安他的心，讓他如阿嬤說的「乖乖聽話」。

有人形容過台東偏遠山區的醫療「慘況」，說：簡單一個字，就是等。輕一點的病，等它自己好，或者等到醫療巡迴隊來；重一點的病，就是等死。

精神分裂患者或許不會一下子就走到生命盡頭，卻可能因為失去自主或者社交能力，而傷害自己和別人，遭受更悲慘的隔離、漠視或遺棄。

地處偏鄉的病友確實不可能，或者無法固定時間回診，甚至還會自以為病情好轉，擅自停止服藥，這些都需要醫生「主動出擊」，不能等。

別人不想做，所以我們來做

繳交同樣的健保費，同樣在健保給付之內，在我回鄉之前，台東地區身心科的居家照護，總是缺口中的缺口。

「楊醫師，別人都不做，為什麼你要做？」這是我按計畫展開這項服務時，團隊提出的第一個疑問。

就因為別人不做，所以我們來做。

「那楊醫師，要做也沒關係，為什麼你偏要挑別人都不要的偏鄉做？」

偏要挑偏鄉，我反正就反骨嘛。就因為既然要做了，當然要挑別人不去的地方去。有時間思索這些有的沒有的，還不如直接捲起袖管來行動。回台東不久後，我即展開身心科少見的居家照護服務，利用整日休診的週五，或者未看診的週一和週二下午時段，與我的最佳拍檔護理師胡品蓁，開車前進偏鄉。

從二〇〇六年起到今年，這八年間，品蓁結婚生子，還生了兩胎，她做月子期間，我實在沒有時間去跟臨時搭配的夥伴培養新的默契，乾脆一人獨撐，表面上瀟灑，私底下可是差點沒跪下來求品蓁千萬別再生第三胎了。

我們除了服務住家太偏僻、不便上醫院的列冊病患之外，還積極開發個案，深入無人注意的偏鄉陰暗角落，發掘缺乏親友關心、被動獨居的精神病友。依照法規限定，我每次下鄉只能為六名病友打長效針，可是實在放心不下其他病友，所以每回下鄉，總是會多訪視幾位，就這樣每隔兩週，完成居家關懷服務的病友，總是會超過七十名。

這些病友分布於海岸公路台十一線、花東縱谷台九線和南迴線。台十一線最北端到長濱過玉長公路的三間，台九線最北端達海端鄉廣原村，南迴線病患最南抵金鋒鄉歷坵村，皆可見我們這二人組的足跡。

下鄉服務七十幾個居家病友，再遠、再落後的路我都走過，如果不是因為這項服務，這輩子可能都沒機會接觸這些村莊部落，認知到台東有多大，更沒有機會認識這些可愛的病友，體會到他們要就醫有多困難。

許多颳風下雨的日子，品蓁與我就算再怕，也要顯得毫不畏懼的挺進濕冷泥濘的社區，甚至驚險的走過土石流災區，只求盡我們所能的給予需求者安定的力量。

這幾年來，只要得知颱風將近，我便得考量狀況，緊盯氣象報告，與時間賽跑，務求在強烈風雨來臨時，提前下鄉為病患打針。只有碰上道路中斷，才能讓我們暫時停下腳步。理由啊，就跟在塔須不敢逞英雄，跟著當地年輕人一起跳進河水裡洗澡同樣道理。別開玩笑了，我不能出事，還有很多病患等著我去照顧呢。

一個原則，居家關懷服務不能停。這些病友根本不可能乖乖到醫院來看診打針，更別提曾經狠狠拒絕我們入屋關懷的情況了。但這麼多年來，他們從懷疑到信任，甚至習慣每隔兩週就等著我出現，這樣的成果得之不易；這也跟上塔須一樣，一旦停了服務，前面的努力都功虧一簣。

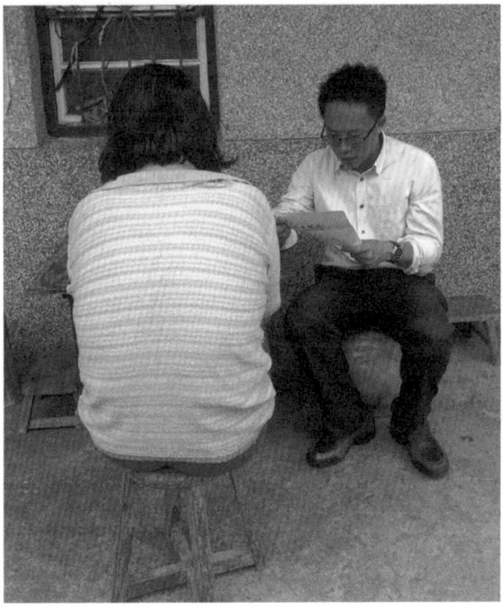

她與阿公、阿嬤、媽媽和弟弟同住，弟弟是智能障礙者，而她是我的慢性精神病友。

在接受我們的服務前，這個家的經濟，只有媽媽一個生產者，兩個老的，兩個小的，全要靠一個母親照顧。

自從打了長效針後，她的幻覺獲得改善，從受照顧者轉為照顧者，這一天應診時，還能夠跟我們分享她到養雞場工作的情形。

品蓁心軟，每每遇到家境堪憐的病友，就會問我：「楊醫師，怎麼辦？」

我就會安慰她說：「沒有怎麼辦，這已經是我們找到支點後，所能改善的最好情況，是一種不完美的平衡。」

為醫生打氣的病人

二〇一三年第八度上塔須之前，我照例很忙、很忙，但讓我比平常更忙的，倒不全是因為忙著上山，而是忙著打點離開台東前，病友臨床上的一堆雜事；做為身心科醫師，某個程度上，對病友而言，我就好像是他們的家人朋友一般。而他們也都好可愛，即便得每年忍耐我離開一個月，依然願意為我加油打氣，說：「記得回台東喔！」「記得回來準時開診看病喔！」「山上很冷要多帶厚衣服。」「上山要注意身體喔！」

病人反過來要醫生注意身體，「別生病了！」聽來滑稽荒謬，卻往往讓我在發出笑聲的同時，遏止不住湧上眼眶的熱燙。

即便出發在即，行前的最後一個週五，我依然如過往一般，一整天都沒待在醫院；別誤會，可不是偷懶在家，而是去台東鄉下照顧社區的居家照護病友個案。

那一天是六月十四日，台東下著好大的陣雨，延平鄉的梅山部落沿途還發生了大落石的可怕路況，幸好菩薩保佑，一路安全。而我的工作任務，除了幫病友施打抗精神病的長效針外，還要提醒病人：

「我，楊醫師不在台灣的一個月時間，要好好配合居家護理師胡品蓁小姐約定好的打針時間。」

「要乖乖聽家人的話。」

「不可以抽菸喝酒。」

「要好好照顧自己的身子。」

「若身體不舒服，要打電話向胡護理師求助與討論。」

不斷地說，就怕漏掉了什麼，忘了提醒似的，而病人也很賣面子，大都乖乖站著聽我嘮叨。也有些跟我比較熟的病友，講話比較敢沒大沒小的，乾脆反問我：「楊醫師，你到底在擔心什麼啦？為什麼這麼擔心？」

因為我是個管家公。

真的，完成病症的問診及醫治事宜後，我就會開始環視病患住家環境，管起衛生、三餐等生活自理的大小事。許多病友的家庭支持性低落或獨居，我的雞婆個性一開始可能會讓他們心煩，至少不習慣，但漸漸的就會打動他們，讓他們覺得窩心，達到我不只醫病，也想給病友獲得關懷的滿足感的目的。

加倍付出的耐心，有助於我和病患建構出一份長期性的默契與情誼，這樣他們除了願意乖乖接受治療，也能更直接、迅速改善某些惡習。我們花了這麼多的心血才照顧好這群可愛的病友，我當然會擔心自己一出國，讓他們放牛吃草，一個不小心就少了一頭牛啊！

讓我掛心的病友們

阿明，是個比我年齡稍長的大孩子，之前都是瘦弱的老爸爸陪著他來看病，前陣子，突然停了三個月沒來看門診，讓我好生惦念。

阿伯每次門診都會問我，阿明為什麼會生病？這個病會不會好？有沒有更好的、吃了會痊癒的藥？

如果可以，我多麼希望我有美好的答案，但是每次，我都只能無奈的誠實以告，告訴他，現在醫學無法完全解釋說明阿明的病因，藥物只能避免他大腦進一步退化，未來或許會有更先進的藥物能「治癒」阿明的精神疾病。每次看到阿伯無奈且無助的搖頭背影，我知道阿伯更擔心他百年之後，阿明將何去何從？

我惦記著阿明已三個月沒看門診的事，特別請醫院同事協助打電話詢問，透過管區

在台東縣海邊的漁村裡，他們全家打零工，一天只有兩百元的收入。

可是妹妹跟我說：「楊醫師，謝謝你們。在你們找到我哥哥之前，他已經做了五、六年的遊民，每年都只有在申請殘障手冊時，才會自動出現。」

實在放心不下時，她也會出門找哥哥，但往往都是在路邊看到不省人事的他，才能把他撿回來。

現在，他可以在家裡，雖然，一家人一天的收入只有兩百元，但是，不用再到處去撿哥哥，妹妹覺得已經是一種幸福。

警察和衛生所護士小姐，終於聯絡上阿明和他阿爸的同居人。

擔心的事情還是發生了，阿伯三個月前因中風過世，沒擔心過的事情這次也發現了，原來阿明喚做阿姨的這位阿伯的同居人，六年前因為車禍腦傷，導致認知功能退化，也跟阿明一樣像個大孩子，生活起居都需要協助。

阿明來了醫院，像個髒兮兮的野孩子，哭著跟我說：「楊醫生，阿爸死了，我以後怎麼辦？」

殘酷又現實的人生問題，幸好有我經驗已然豐富的醫療團隊，加上村長和慈善單位的介入協助，現在阿明出院了，也可以簡單的照顧阿姨生活起居，我能做的，就是定期的觀察和協助，提醒阿明乖乖吃藥，好好和阿姨一起簡單生活。

這，或許就是人生吧！儘管無解，還是得過下去。

已經認識七年的阿輝，一個人住在山邊的小房子，每天打打小工、喝喝小酒、玩玩小牌，我每兩個星期會去他那有點小遠的家為他打長效針。

七年前，教會姊妹帶他來醫院門診，髒兮兮兼臭摸摸地讓人避而遠之。當時協助就診的教會姊妹說：「感謝主，讓我度過人生低潮，而今我有了一點點的能力，就應當來幫忙別人。」

這個姊妹與他非親非故，也沒精神科專業知識訓練，卻有一顆仁慈又勇敢的心，願意幫忙一個讓大家害怕、遠避的精神病友。

安排阿輝轉入精神科急性病房住院治療期間，也送評估申請精神科居家照顧，並且幸運通過健保申請。

但仔細一看，我的天啊！阿輝家真的是有給他「粉遠」耶，兩個星期去一次，來回兩百五十公里，每次想到要去阿輝家，都會有腳軟之感，而打消掉我這些懶惰念頭的，是送他來的那位阿姊，仁慈又勇敢的心，警惕著我和品蓁勇敢向前衝。

常常，阿輝會像以前一樣亂跑出去，阿姊就要像以前一樣騎著機車，去找那走失的羊。最近的一次，阿輝很給大家面子，沒有偷跑出去喝酒，而是去幫忙一個婆婆做農事，得到大家拍拍手鼓勵。

阿輝拿了兩個袋子，去後院拔了兩把青蔥，害羞地拿給我和品蓁當禮物，讓我們頓時感動到無語。回來的路上，車內那滿滿的蔥味不但沒有讓我們覺得嗆鼻，反而說起今晚可以做個蔥花炒蛋，滿滿是愛的蔥花蛋。

阿哲是我的精神分裂症病友，分不清現實與虛幻的他飽受折磨，投入了菸酒的懷抱，而暫時取暖的結果，就是身心兩方每下愈況，一整個惡性循環。

看到這樣的病友，我總是滿心的不捨，身體生病了，至少我們知道原因，可以想辦法對症下藥，效果較為顯見，但是精神上的病痛不一樣，雖然現在也知道病因終究出在生理上，但是捉摸不定的病情，還是容易讓他們備受內外夾擊。

不過，不捨只能藏在心中，面對我雞婆的監視下，戒除了酒癮及菸癮的阿哲，在出診家訪時，我還是得以「雷公朋友」的身分出現。而我們之間，也最常出現以下的對話：

「最近有沒有抽菸？有沒有喝酒？」為防他故態復萌，每次都要以此作為開場白。

「沒有！」一如有乖乖聽話，一定是這樣理直氣壯的回答。

要是一開始就眼神飄忽，支吾其詞，那我心裡就有底了。

抬頭看看天色，不錯，今日老天爺有幫忙，是個陰雨天。「你要老實說喔，今天下雨，雷公在看。」我讓表情更加嚴肅，問話犀利，必要之時，還得搬出老台詞：「雷公是我的朋友，我可以……」

原本猛搖頭的阿哲，每次一聽到這裡，就會趕緊坦白：「一點點，真的只有喝一點點。」

「好，下次連一點點都不要喝了。」黑臉扮完之後，得馬上補扮白臉，這場戲才算完美。最好是我真的有雷公的電話啦，可以如阿哲所敬畏的那樣「上達天聽」。

這一切，不過是因為我了解阿哲，所以能夠倚靠長久培養出來的醫病關係，還有類似朋友之間真心付出的感動，才能讓阿哲足夠信賴我，讓我得以直搗核心協助他。

和阿正阿公住在台十一線旁舊舊鐵皮屋裡的阿妹仔，是個六十幾歲的精神分裂症病友。在中華民國內政部資料裡，查不到她的家屬資料。

你問我為什麼？又不是孫悟空，怎麼可能沒有家人？

其實我們的醫療團隊花了好大工夫，也還是不知道為什麼。她的父母和手足好久以前就都去世了，她自己也當了二十多年的遊民，十年前不小心流浪到台東，也就不小心被阿正阿公收留，住了下來。

因為疾病與年齡的關係，阿妹仔退化得像個老小孩一樣可愛，她說她不怕神、不怕鬼、不怕警察，就只怕阿正阿公和楊醫師兩個人生氣。

「因為阿正阿公生氣不要我，我就沒地方休息睡覺，沒飯吃；如果楊醫師生氣不要我，我就會『起肖』，連阿正阿公都會不要我。」

每年十月總是要幫這兩位可愛的老人家申辦低收入申請，以前兩個不識字的老人奔波於政府機關間，那場面，光想都辛苦……。算了，管家公我親自出馬，也就省了兩個老人家時間的浪費和身心奔波。

今年年前門診，阿妹仔說，過年要到了，要送我她種的玉米，我隨口答應了，也沒放在心上。

想不到阿妹仔從那天起，就每天去菜園裡等玉米長大，看到有長好的，就摘下來收進塑膠袋，也不允許別人拿走，就這樣收集了一個月的玉米，一個月後的門診，守約拿來給我。

沉甸甸的一大袋玉米，阿妹仔也沒說什麼，害羞地放在診間就走了。看著她的背影，寒冷的天也突然暖和起來。

門診護士姊姊說：「楊醫師，玉米應該都不能吃了，袋子下層的都太乾了，有些也變黑發霉了。要不要拿去垃圾筒丟了？」兀自沉浸在溫暖氣息中的我，突然被這句話給拉回到門診當下。「先放著吧！」我說。

每次和昔日的同事或外地的朋友見面，他們總會問我，回台東服務值得嗎？最大收穫是什麼？

值得。

阿妹仔這沉甸甸的祝福，就是最甜蜜蜜的收穫。

拉著他們，跨出第一步

這些讓人疼惜的可愛病友，還有他們的親朋好友啊！真有其人嗎？是，但顧及隱私，當然都是化名演出，然而他們的病痛與心情，回饋與包容，卻都是真實的感動。

七月十五日，遵守約定從塔須回來的我，首日看診病友數，照例「爆量」，光一個上午就有百餘位掛號，照例要看到下午兩點以後，才算結束上午門診，偷閒吃過飯，又得進行後續的醫療事務，雖忙得腰痠背痛，卻滿心歡喜。

來掛號的病友，有的也不一定是「真的」來看病，有人還會坦白跟我說呢：「只是想來看你是不是真的有回來啦，我很擔心你不回來。」或者說：「我就只是心情不太好，但就是非你看不可，只有你才能真正理解與支持我。」也有過病友一進診間門，就開始指著我破口大罵；等到他出門後，那日陪診的護士馬上問我：「楊醫師，他把你罵成這樣，你怎麼不生氣？」我被問到笑了起來，「他是病人啊！我是醫生，妳是護士，他是病人，我們若跟著他生氣，豈不一起生病了？」

有人說，世界上沒有感同身受這回事，說能「同理」太誇張。我不敢托大，只能說自己盡量在受過專業訓練的範圍內，體諒他們的情況，包容他們的情緒，傾聽他們的痛苦，思考他們的需求，考慮該做什麼、能做什麼來帶給他們快樂。即便，只是年末的禮物，即便，只是帶他們走入人群，回歸團體生活。

所以我決定了，我要帶他們去吃牛排、去看電影。

二〇一二年，我決定自掏腰包為病友們舉辦一場聚會，帶他們上館子吃牛排，適時帶他們出外踏青，多接觸人群，對於他們的病況絕對有正面的影響。透過實際的行動「去污名化」，鼓勵精障者走出來，也想藉此呼籲社會，多給他們一些鼓勵和希望。

其實精神障礙者就醫控制得當，也能過和正常人一樣的生活，不過現今社會願意給身體障礙或智能障礙者步入人群的機會雖然已經增多，給精障者的寬容度卻遠遠不及；環環相扣的負面影響，惡性循環下來，讓我這些病友更加羞於，甚至害怕走出家門。

像我親自打電話一一邀請目前居住在家接受長期治療、病情穩定的病友時，就有不

吃牛排，對我們一般人或許家常便飯，但要與我的病友們好好的吃一次排餐，卻有好多難關要克服。

且不論找商家，找經費這些瑣碎的細節，光是邀約病友，他們就有一千個理由可以推拖，可是他們忘了，我這個「雞婆」醫生，可是出了名的「磨功」一流，忙！誰會比我更忙？不准囉嗦！

走，我們出門吃牛排。然後看電影，然後還要去喝下午茶，然後……一步一步，我們一定可以找回回歸社會的適應力。

少害怕外出的拒絕。

問他們是有什麼國家大事要辦，沒有時間出來吃一下牛排嗎？「我怕小偷來家裡偷東西啦。」居然連這種藉口都編得出來，實在讓我哭笑不得，或許我應該為長效針的效果不錯感到開心吧。

但大多數家屬及病友還是驚喜萬分，熱絡參加這場難得一見的盛會。請人吃飯，客人答應了，主人開心，但用餐地點呢？連找了幾家餐廳，都遭到婉拒，幸好我現在已非吳下阿蒙（欸，這成語好像不是這麼用的），東家不成找西家，我相信一定找得到。

果然，中華路上的貴族世家接受了我們的訂單。店長一開始也不是不猶豫的，她說是因為之前有精神病患用餐時，突然逕自走到別桌去與其他顧客同坐，嚇了大家一跳，還問我們，是否可考慮包廂或由他們安排分隔區。

我也坦言如果是這樣，我就另覓餐廳，因為包廂或隔離有違本意，如果只是要吃吃喝喝，那我自己請外燴來辦桌就好了。

感謝最後餐廳還是接受了我們這批特別的客人。我們也先在醫院做行前教育，了解如何點餐、吧檯食物不可一次拿太多等等餐桌禮儀，然後就由我們團隊帶著他們，徒步二十幾分鐘抵達牛排館用餐。

吃牛排要拿刀叉，很多人肯定會覺得，這對精障者而言根本是「危險動作」，而這正是我的「小心機」。透過自己點餐、吧檯料理自取、動用刀叉，讓他們學習西餐禮儀及自我控制，正是一種鼓勵。

讓我更開心的是，事實證明，這場聚會不但全場秩序良好，病友們還能互相展現關懷，彼此幫忙倒飲料、拿調味料，開心得不得了。餐後，我們又徒步二十幾分鐘回醫院。這次的用餐，也讓我更加感謝醫院的支持。精神分裂症是基因缺陷所導致，由於只能治療不能治癒，對患者及醫生都是挫折。過去用藥副作用大，患者容易呈現呆滯狀態，但現在新藥方不但讓病友幾乎與正常人無異，還能有正常生活，只是藥品單價高，所幸院方肯支持，讓我可無後顧之憂用藥，也才有今日之行。

有沒有後遺症啊……讓我想想，嗯，勉強說來，只有一個，就是有病友跟我說：

「楊醫師，可不可以每個月都來吃一次？」

可否容我先問問我的荷包呢？

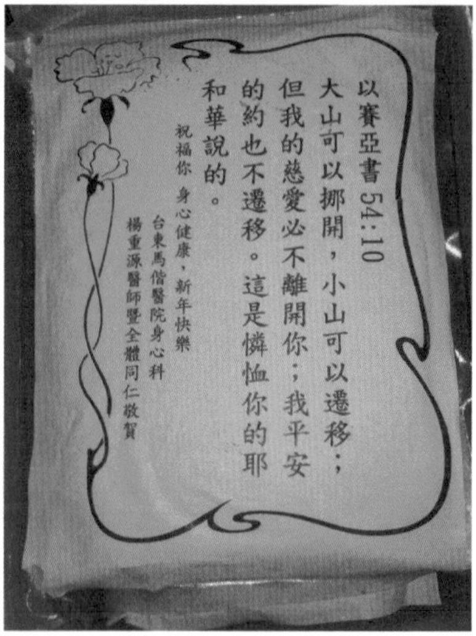
以賽亞書54:10
大山可以挪開，小山可以遷移；
但我的慈愛必不離開你；我平安
的約也不遷移。這是憐恤你的耶
和華說的。
祝福你 身心健康，新年快樂
台東馬偕醫院身心科
楊重源醫師暨全體同仁敬賀

有人問我，為什麼歲末禮物上印的是聖經經文，我不是藏傳佛教弟子嗎？是，我是藏傳佛教弟子，可是這些大孩子們大多是基督徒，我想要隨順他們的因緣，方便他們的生活思想邏輯，讓這群不小心把自己鎖起來的大朋友，記得有空讀讀曾經那麼感動的聖經，有時間回去一直溫暖熟悉的教會走走，慢慢的重新熟悉那一直支持他們的信仰力量。畢竟，我無法時時刻刻陪伴他們，但是心中的信仰卻會是一直都在的力量。

雞婆的管家醫生

有了前例在先，二〇一三年，我們決定一起去看電影。

對許多人而言，看電影是再普通不過的娛樂了，但對於我們那些可愛又天真的病友而言，說來大家可能不相信，有些還真的一輩子都沒上過電影院、沒看過電影。

這次還是有很多難關要克服。第一，自從唯一倖存的戲院遭祝融之災後，台東縣好像N年沒電影院了，至於N是多少，反正就是很久很久，不用追究了。好不容易二〇一三年暑假，台東市有了一家嶄新的電影院，當然要去嘗鮮開眼界。

第二，在綜合醫院裡，精神科是不賺錢，至少是賺不到什麼大錢的小科，必須說服眾多主管同意這場「很不特別」的「普通」活動，看不到特別目的，看不到經濟效益，看不到臨床效果的活動。感謝醫院總是縱容我們這個常常異想天開的精神科團隊，感謝醫院主管允許我們這個很理想化的身心科團隊。

第三，舊事重演，平時嚷嚷著說要看電影的這群病友，在接到我們辛苦的身心科醫療團隊的電話邀約時，照例有一百個懶惰出門的理由。就算確定會參加了，還有許多要提醒的功課，麻煩病友們注意。

提醒他：不可以遲到，電影開演就不等人了；提醒他：要洗澡、要換乾淨的衣服，不可以臭臭的看電影；提醒他：要帶證件，練習自己排隊購買有優待折扣的電影票；提醒他：看電影前要先上廁所，最好不要中途離席；提醒他：看電影的禮儀，要關手機、不可以跟別人聊天……

像不像幼稚園老師帶小朋友去看電影？太嘮叨、太囉嗦了！殊不知有時候我就真的像幼稚園老師帶著孩子們，帶著他們這群長不大的孩子，去外面的世界冒險一樣。

看完《總舖師》，每個人還有便當飲料，這樣才算是完整的週末午餐約會嘛，然後一個個叮嚀他們返家的安全，最後再一個個打電話，確定他們已經安全到家，才算畫上完美的句點。

當然，照例的，句點以後免不了還是有驚歎號！一起去看電影的病友，下次碰面時，開口就說：「楊醫師，那個《總舖師》哪有你說的那麼好看，我們下次改看別部吧。」

我……我……我……我原本可是要帶你們去看《看見台灣》的呢。這群大孩子啊，我真是太愛你們了，感謝有你們不斷提供我歡樂，讓我一直一直有勇氣與愛，留在台東為你們打拚。

寒冬中的溫暖

因為有愛，每逢過年過節，我們還有另外一項特別活動。尤其二〇一三年冬天特別的冷，動不動就連台東都會來個十三度的低溫。這一年的過年也來得特別早，所以我的「雞婆性格」照例年度大發作，忙不迭的和我一群可愛的同事討論起寒冬送暖的活動。

說「一群」好像很多喔，其實不過就是四個好朋友兼同事：林秋蓮護理長、胡品蓁居家護理師、蘇麗伶社工師和陳彥良職能治療師，都是認同我、鼓勵我、支持我，一直為我加油的好朋友。

這部分，我可就有資格說感同身受了，因為從小我們家就是社會善心人士冬令救濟的受益戶，每到年底，我是真的會盼望寒冬裡送來的這份溫暖。二〇〇九年靈機一動，就和同事提起這個溫暖的記憶，計畫在寒冷冬天的過年前，送個簡單的小禮物給身心科一些低收入戶和近貧戶的老朋友們一點溫暖的感覺。

就那麼簡單的發起，簡單的溫暖理由，到了二〇一三年冬天，我們寒冬送暖活動堂堂進入第四年，為病友們準備了六百包白米、兩百箱魚罐頭、兩百箱泡麵、一些新夾克和棉被等等。

有些人建議我們：「泡麵不是對身體不好？是不是應該考慮其他的東西？」是，我當然知道泡麵不是什麼優良食物，但是當你的資源已經不多，又不會烹調複雜的食物時，泡麵的處理簡單，是不是較好的選擇？對我那些老友而言，有時甚至連泡麵都是一種奢侈。很無奈，但是對於一群經常處於不足狀態底下的人們而言，溫飽似乎比健康更為重要。

還有人會問：「我有很多已經不穿的外套，可不可以捐贈給他們？」

我通常會一口回絕。

這和我的泡麵理論，是不是反而有些矛盾？

或許吧，但就當成是我莫名的堅持好了。過新年，穿新衣，天經地義，他們已經是社會邊緣的弱勢，不該連收到這一點點小禮物的喜悅，都被打折扣。

大部分的物資，我和同事們會親自送去病友家；另一部分，若他們來看診，就請他們順道領回。

最可愛的是，有些病友礙於病情，欠缺社交行為，往往連最基本的道謝都不會；還有病友拿到泡麵時，看到白米，突然反悔：「楊醫師，我覺得白米好像比較好耶。」

「但是你當初登記要的是泡麵，不行，不能現在才反悔。」這時又要扮黑臉。

還有的拿到禮物後，直接說：「不客氣。」欸，我問他怎麼是不客氣呢？「雖然同樣是三個字，可是好像不是這三個字喔，你要不要再想想看？」結果他理直氣壯的解釋說：「我知道楊醫師你一定會對我說謝謝，所以我先說不客氣。你不用客氣啦。」

更有的是，在我們送完泡麵後，下次再見面時對我說：「楊醫師，我泡麵吃完了欸。」還「吃完了欸」，都沒看到我臉上已經不只三條，而是已經三十條線了嗎？

舉凡種種在一般人眼中「沒禮貌」的行為，卻都換來我的一笑置之，甚至覺得是可愛的。因為我了解，所以我包容。

堅持的理由

我喜歡稱呼來找我的病人為「病友」，實在是因為長期下來，他們已經成為我真正的朋友，就是你會想要關心他們，並且他們有困難時，一定要向你求助的人。

曾有一位病友，家徒四壁，沒有家人，要去看她，得先「打草驚蛇」。我不是開玩笑，是真的要拿著木棍或樹枝揮打蔓生的野草，叫品蓁緊跟在後，才能安全到她家的那種「打草驚蛇」。

問她平常都吃什麼？一樣指著家前跟我說：「我有種菜。」

那哪是什麼青菜，根本就是野草。

「現在的台灣，還有人會窮到吃草？」

有，我必須很難過的這樣說：有，但她不單是因為窮，更因為生病了。

這樣的困境，台東有，我相信台灣其他位於縣境偏遠地區的民眾，也會碰上，而要改善這樣的困境，光靠健保這項「硬體建設」是不夠的，還要有人這個「軟體程式」，而且還不能光靠醫生一人。

這方面，在台東，我就比上塔須幸運多了，因為我有一整個團隊的好夥伴。

我的夥伴，不只是馬偕身心科醫療團：陳紹基醫師、林秋蓮護理長、伊斯坦娜．莎薇護理師、黃羣雯護理師、胡品蓁護理師、蘇麗伶社工師、5A病房同工和身心科門診跟診姊姊們，這群病友，更是我能夠年年上塔須的重要夥伴，沒有他們一年十二分之十一時光的相伴，我哪有辦法放心的把另外那十二分之一的時光，分享給塔須的家人朋友？

有他們相伴，難行的道路變得可行，難忍的磨練變得能忍，我這才能繼續無懼無悔向前行。

為了這箱冰咖啡，我請門診姊姊讓我歇十分鐘門診。上圖是小冰送給我的禮物。每個月，獨居在東海岸，沒有能力工作，只能靠政府低收入補助金過著簡單生活的她，會搭公車回門診一次。

碰上教會師母來台東市採購教會活動物資，她把存了三個月的零用錢，買了一箱鋁箔包飲料，從公車站扛了半小時的路程走過來，從早上十點等到下午三點多，直到門診護士發現了她，跟她說週五楊醫師沒有門診，她才又扛了回去，也沒生氣。

直到下次門診時間，她又把這箱飲料扛過來，不好意思的說，因為楊醫師看門診很辛苦，常常錯過用餐時間，怕我沒有體力看病人，所以買了她自己最喜歡的「冰咖啡」送給我。

他們都是這麼可愛啊！

左圖這位阿公，他不是我的病友，但我卻像他的家庭醫師，除了去看他「撿回來」的阿嬤之外，也幫忙看他服用的慢性藥。

所以，他總是把手邊有的送給我，玉米啦、青菜啦，還有這次的香蕉。

每次去家訪，他就會找出禮物來送我，不拿還不行，碰上剛好來市區，還會親自送到醫院來，跟門診姊姊說：「我是楊醫師的朋友，這個要送他啦。」

是的，他們都是我的朋友，而這些禮物，全部無價。

Chapter 6

第六章

不是偉大，只是剛剛好

感恩自己有能力付出

二〇一三年七月底一大早，好大、好大的陣雨擾了我的美夢，夢中，我正喝了一大口塔須媽媽剛擠好的新鮮氂牛奶。

聽著外頭的雨聲，內心浮現廣為人知的一闋詞：

少年聽雨歌樓上，紅燭昏羅帳。
壯年聽雨客舟中，江闊雲低斷雁叫西風。
而今聽雨僧廬下，鬢已星星也。
悲歡離合總無情，一任階前點滴到天明。——蔣捷《虞美人》

少年的我忙著求學，從無紅燭昏羅帳的旖旎風情，青壯的現在，忙於工作，無暇去體會江闊雲低的悵然，距離鬢也星星，又還有一段時間；唯一有感受的，就是悲歡離合總無情。

想到這年離開塔須的那天，也是一早就下著雨，好像連老天爺也捨不得我們的離去似的。出發前，雨停了，阿嬤們拿著哈達蹣跚的趕來車前，祈願諸佛菩薩保佑我們一路平安，也祈求來年我的歸期。我迴向祈求著阿嬤們長壽健康，一不小心，大家便被離別

關於夢想，我們總是習慣說，尋夢、築夢、追夢。而我卻反過來，我是一個被夢想追逐的人。
塔須希望小學蓋好之後，每年我回山上，這些孩子總會特地停課，前來歡迎我回家。村民手中的哈達因喜悅而溫暖，孩子手中的哈達因期待而加溫。
歡迎我回家的孩童隊伍年年加長，表示就學受教的孩子愈來愈多，也表示我揹負的老師薪資逐年增加。然而教育是百年大計，一旦開啟了，就無法輕易喊停。
那就，繼續讓夢想追著跑吧！

的淚水所淹沒。

我相信明年我一定會回來，回來我宿世的老家，就如同阿嬤們相信我也一定會再回來，奧妙的因緣連繫著我這遠方的孩子，連繫著我對塔須的萬分眷戀。

金錢的價值

台東這傾盆大雨與記憶中塔須的細雨連在一起，讓已從塔須回到台東一個星期的我，對於那四千五百公尺的高原，依然魂縈夢牽。

只是我可沒有時間聽著雨，一任階前點滴到天明，喝了阿母為我準備的冷藏鮮奶後，就得冒雨出門，趕赴今天緊迫的行程、忙碌的規畫。

早上在南迴線的金峰鄉賓茂、嘉蘭、正興，下午北上台十一線飆到東河泰源、成功都歷。許多人都建議說，才剛回台東，就休息幾天吧，何必把自己搞得那麼緊迫忙碌？

知道大家的關懷，我也確實疲倦，但都只笑著說謝謝，因為病友們已經縱容了我的自私，給了一個月的「楊曼巴時光」，現在既然回到了台灣，就該啟動靈魂開關，換回「楊醫師的堅持」。

更何況這幾年上塔須，行前行後，我已經得到了太多的鼓勵和支持，不敢說德不孤，必有鄰，卻絕對不再是千山我獨行。

就連郵局的承辦小姐都已經熟識到可以說：「我都不用看日子，楊醫師你來寄藥，就表示山上雪融了，你也應該快要再上山了。」

是啊，一個月前，寄了一百六十公斤的藥物，上個星期也寄了快一百五十公斤藥物上山，這一天是趁著雨停，趕快再來寄四箱藥物，這樣的數量，才能讓我在六月十七日到七月十五日間安心的在塔須用藥。

至於之前的準備工作，還是同樣的一項都不能少，四處拜託，看有沒有朋友認識藥廠藥商，如果有，是否可以幫我跟他們詢問glucosamine（250mg）葡萄糖胺的價錢？最好是「友情價」、「慈悲價」和「愛心價」；我需要十萬顆，只要一顆能差一毛，十萬顆就差一萬元了，省下來的錢，可以再買其他的藥給山上的老人家用。

你問我，這樣會不會讓人家覺得我很小氣啊？

對，我就是小氣，就是這麼錙銖必較，而且完全不在乎被說小氣。好比我的手機，一直到二〇一四年初，我才因為朋友淘汰轉贈，有了智慧型手機初體驗。因為工作需求，我一直有兩支門號手機，一支是因應急性精神科住院病房、急診、門診和居家等醫

院工作需求，需要二十四小時on call的公務機，一支是家人朋友專用私人手機。

之前很多人很好奇，我的私人手機怎麼還用那麼古老的機種？其實我還滿喜歡那支用了七、八年，一直很敬業認命健康，也沒罷工休息當機的手機，更幸運的是居然沒有一不小心，就讓常常粗心的我給弄丟了。不過它實在有點年代，所以到正式告老之前，有些零件已經需要用膠布黏著固定。

當個醫師有需要這麼委屈自己嗎？其實這只是我個人的生活習慣罷了，從來沒有所謂的委屈。上班或下班都有桌上型電腦和網路可使用，「生意」又沒做很大，一旦買了3C智慧型手機後，可能會不小心要多加個手機無線上網的費用，零零碎碎的就會額外花許多錢。如果省下那些錢，不就可以多做一些夢想大小事嗎？

你說，感覺我的夢想不是都已經實現了嗎？到底還有哪些大小事？為什麼還是停不下腳步？

用兩百萬換一個村子的幸福

為什麼？

讓我們回到原點，重新問這個最大公約數的問題：「為什麼要去塔須？」

因為，塔須是一個比我們匱乏的地方，卻有著比我們快樂的心靈。

所以如果沒有生活貧窮困乏，心情卻樂觀知足的塔須村民，如何喚起我心中的不忍與悲憫，發現兩百多萬換得整個村莊一整年的幸福，再值得不過？

如果沒有一年一個月的遠赴山上，如何讓我珍惜一年十一個月台東病友對我的信任，讓我不敢懈怠的守護鄉親健康？

如果沒有這份年年上山的召喚，我如何知道母親的睿智與疼惜，感念家人的掛懷與支持？

如果沒有年年疑惑，年年撞牆，年年被潑冷水，如何讓我回頭去省思無私奉獻，全心照護台灣人的外國醫護人員，如何堅持十年、二十年，甚至五十年的耐心？

如果沒有大家持續的支持，我怎麼守得住九年前燃起的那小小火燄，怎麼記得牢不做點燃希望後，就轉身離開的殘忍慈悲者？

就像是一顆石子投入水中後，不斷引起漣漪，感謝媒體的報導，讓許多不認識的朋友認識了我，也讓彼此的生活有了交集。然而不管這漣漪擴展得多大，我始終不忘心中所繫的初衷。而最重要的標竿，也始終佇立在我的前方。

「仰之彌高，鑽之彌堅，瞻之在前，忽焉在後。」這是千百年前顏淵對老師孔子的讚歎，也是我今日面對所有來台奉獻醫療能力的外國神職人員的感佩。

這其中，包括創立我現在所服務的醫院的馬偕博士，我也因為任職於這所教會醫院，而認識了好多真誠善良的基督教友，更有機會去浸潤體會聖經上至善至美的經文，特別喜歡的經文是〈馬太福音〉二十五章四十節：

「……**我實在告訴你們，這些事你們既做在我這弟兄中一個最小的身上，就是做在我身上了。**」我喜歡這些經文，就連每年送給病友的白米上，都選印聖經的經文。

有人問我：「楊醫師，你是基督徒嗎？」我不是，我是藏傳佛教弟子，但因為服務的是教會醫院，病友中的教友比例極高，我常想，宗教是我們至高的終極倚靠，有一天，或許我不再有幸守護他們，可是宗教會是他們永遠的避風港灣。

一生奉獻給台灣的外籍修女

隨順他們的因緣，方便他們了解我想要藉著幾則至善至真至美的經文分享的喜樂，如果能因為這樣而讓這群不小心把自己鎖起來的大孩子，想起來曾經那麼感動他們的聖

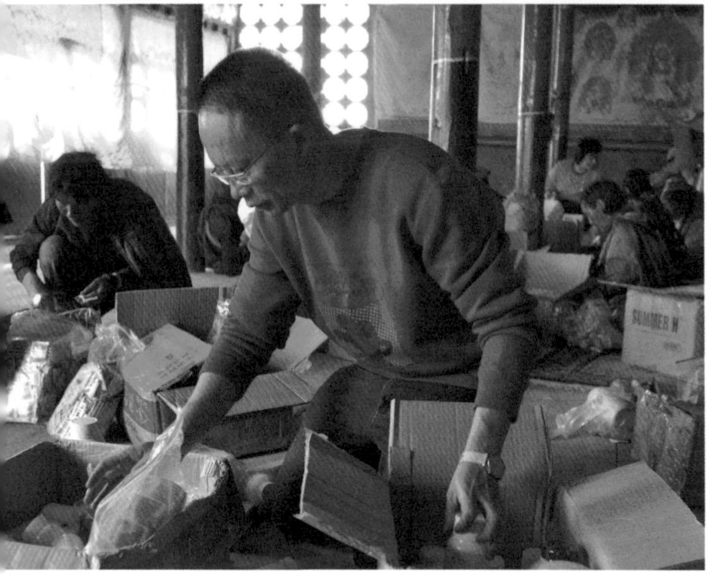

將數十箱的藥物開箱分類，逐樣裝袋，是年年都要在塔須寺院裡上演的重頭戲。
為什麼不在台灣先分類好再交付郵寄呢？部分理由，當然是我只有一個人，在收到藥物，轉寄塔須之間的時間太短，實在無力處理。而更主要的理由，則是可愛的塔須村民需要親眼看到我「摸」過這些藥物，相信如此一來，藥就會得到加持，效果加倍。
我當然還是平凡的我，不過要是阿公阿嬤們因為相信我有這樣的「神力」，讓他們可以比較容易熬過我不在塔須的八個月酷寒的話，那麼繁瑣的分藥，也會成為快樂的分享。

經，甚至記起來有時間該回一直溫暖守候的教會去走走，重新感受那一直支持他們的信仰力量，就能讓這股力量重回他們心中，做為支柱。

再則，若要印我皈依的藏傳佛教經文，實在不及聖經經文淺顯易懂，所以這真的沒有什麼好分別的。

我最感佩的人中，還有二〇〇七年第十七屆醫療奉獻獎個人醫療奉獻獎得主裴彩雲（Strobl Johanna）修女。

服務於關山的聖十字架療養院的裴修女，是我心中的典範。到二〇一四年，她來台灣服務奉獻，已經二十九年了，將近三十年來，一直都在關山這個小鎮安靜、穩定、持續的照顧院內四十位左右的病患，以及弱勢民眾。

我們相識已經十年，當時我還在慈濟醫院服務，每兩週，固定支援慈濟關山分院，某次院內同仁跟我提起聖十字架療養院。

「楊醫師，他們那裡有好多患者，你可不可以過去看看？」

「不可以。」我一口回絕，「從花蓮到關山，我已經看完診了，現在要趕快從關山趕回台東吃我阿母煮的好菜，要看診，請他們過來。」

回想當初那「直爽」的回答，我還真想把自己的舌頭給吞下去！

兩週後，同仁再度跟我提起這件事，「楊醫師，你過去看看好不好？他們那裡的病人大都是臥床的，沒有辦法過來，難道你要那些修女把病人抬過來？」

這下不能不去看看了，而一看，我就徹底被打敗了。

聖十字架療養院不同於其他大醫院，裡頭的打掃清潔工作全靠修女們自己來，裴修女更是日復一日做著她覺得很平常、實則沉重的第一線照護工作，從昔日的青春，到今日的白髮。

當時我還沒去塔須，不過修女應我要求，拿給我看的病人藥袋，竟和日後我看到的藏區昂貴藥方一樣。不，當然並非只有抗生素一味，而是全部病患服用的藥物幾乎都一模一樣，我馬上重新開過。從此，裴修女和馬惠仁修女及饒培德修女，都成了我在關山「最親的家人」。

「照顧對的人，就會成就對的人生」

馬惠仁修女、饒培德修女和裴彩雲修女分別是一九九二年、一九九七年和二〇〇七年的醫療奉獻獎得主，而關山聖十字架療養院讓我印象最深刻，或者說讓我有被徹底打敗、甚至被打趴在地的地方，就是這裡完全沒有消毒藥水味。

一般療養院，為了掩蓋長期臥床病人因為傷病而產生的味道，通常會用大量的消毒藥水，可是在關山聖十字架療養院裡，因為修女們的悉心照顧，親手洗滌，你完全聞不到類似的味道。

這裡，只有「家的味道」。

就像大家今天問我為什麼要上塔須一樣，我也曾經問過裴修女，為什麼要來台灣？她說：「我發過終身願，把自己完全託付給天主，所以我並不屬於我，而是屬於天主，我只是天主的僕人，哪裡需要，我就去那裡服侍，所有的榮耀歸於天主。」

十年匆匆，當年不識修女，甚至粗魯拒絕的我，青春傲慢、自大無禮，感謝裴修女用她的生命，時時刻刻提醒我、督促我、教導我，指引著我從生活中去行動，從生命中去實踐。

我總是跟朋友們說，我們平常好像都只能從書本中去追憶歷史上偉大的人事物，誰能像我這麼幸福，在老天爺已於冥冥之中為我準備更成熟、更穩定的生命階段前，讓我認識了裴修女，讓我能用我的眼睛，用我的心，去追隨一個偉大人物的步伐。

有一回，裴修女身體不舒服，我請她到醫院檢查，她一再推辭，最後我說：「裴修

每年母親節，我總會送裴彩雲修女一份小禮物，心意不用明說，也可以自然交流。
裴修女，象徵著所有來台灣，尤其是來台東服務的外籍醫護人員，面對他們，我總有「仰之彌高，鑽之彌堅；瞻之在前，忽焉在後。」之感。
是他們，讓我想起了「醫生」這個行業在人們心中的特殊性，提升了我對自己的期許，堅定了我對病友的關愛。
裴修女，是我永遠也追不上的標竿。

女，您已經是我的家人，家人身體不舒服，我們不是都會擔心嗎？難道您要我一直為您的健康擔憂？」

而在她終於被我說動，由我陪同到醫院檢查時，醫生同事問我她是誰？

我自然而然的脫口說：「她是我的家人，我是她在台灣的孩子。」

就在那一刻，我知道她已經不僅僅是家人，甚至就像是我在關山的母親一樣，而她其實也一直把我當她的兒子般關愛。沮喪時、挫折時、懦弱時，我都會想去關山看看她，她也總會給我最溫暖的擁抱，給我滿滿愛的祝福。

平時，她總是提醒我要做一個有利益的工具，去服務有需要的地方；她說，對的人，做對的事，服務對的地方，照顧對的人，便會成就對的人生。

她說：「到療養院的人身體病了，我雖然無法治好他，但我們永遠不放棄。」啟發了我抱定儘管有時無法挽回精神病患的命，但我希望能朝醫好他們的心的目標邁進。

每年聖誕節，她總會做家鄉味的餅乾與我分享這個重要與感恩的節日，而每年的母親節，我也一定會送上小禮物給我何其有幸的另一位母親。

我從裴修女身上看到無私奉獻的謙卑與仁慈，或許也從中看到自己每年上山的勇氣吧。上塔須前，她總是會牽引著我的手，一再叮嚀我要照顧好自己的身體，說她每天早上醒來，就會為我和藏區的朋友祝禱一切平安。

「願上主祝福你，保護你；願上主的慈顏光照你，仁慈待你。願上主轉面垂顧你，賜你平安。」

她的愛是跨越宗教的，她說藏區的民眾或許還沒有機會聽到福音，但他們與世人一樣，都是上帝的子民，所以上帝才會安排我到塔須去為他們服務。

裴修女是我人生路程的偶像，我期待從她身上學到「服侍的真理」，在塔須服務時，也常以她與我分享的聖方濟和平禱詞來自我勉勵：

主啊！讓我做您工具，去締造和平；
在有仇恨的地方，播送友愛；
在有冒犯的地方，給予寬恕；
在有分裂的地方，促成團結；
在有疑慮的地方，激發信心；
在有錯謬的地方，宣揚真理；
在有失望的地方，喚起希望；
在有憂傷的地方，散佈喜樂；

這一家療養院，用再多的文字都無法形容它的特殊性，唯有親自來一趟，在聞不到任何藥水、尿騷等等我們刻版印象中，屬於「醫治」、屬於「療養」的氣味時，你才會驀然醒悟：啊，原來，這裡不只是病患的療養院，還是他們的家。

在有黑暗的地方，放射光明；
神聖的導師！
願我不求他人的安慰，只求安慰他人；
不求他人的諒解，只求諒解他人；
不求他人的愛護，只求愛護他人；
因為在施予中，我們有所收穫；
在寬恕時，我們得到寬恕；
在死亡時，我們生於永恆。

一切都只是剛剛好而已

真的沒有什麼，一切都只是「剛剛好」而已。

在詳知我的故事前，你會問：「為什麼要上塔須？」

現在，我盡我所能的詳述了我的故事，你說，你很想知道我怎麼會有那麼深的因緣，能去到千里之遙的塔須？

你也好想知道，我怎麼如此幸運，能夠找到這樣的夢想，而且還一步步的前進，一塊塊的築起實現的磚石。

最後你說，我的夢想應該都已經實現了吧？我的問題都找到答案了嗎？我自己，又有什麼收穫呢？

我想，一切都只是因為剛剛好吧。

我經常發表我的謬論，就是：「人生總要做一些別人覺得沒意義，但自己很爽、很有成就感的事。」

別人的「有意義」，也許是銀行存款、豪宅、珠寶、頭銜、環遊世界等等，但我一直知道我覺得「有意義」的事是什麼，因為這份意義一直刻在我心頭，時時提醒著我。

我始終沒有忘記，是我自己選擇要上塔須，是我自己選擇要實踐這些夢想，所以這些年來，碰上懷疑、不屑、詆毀，甚至是羞辱的反應，我總能讓它們船過水無痕。

因為上塔須是理想，更像是不切實際的夢想，夢能實現，讓我每每想起，都是幸福與快樂。你看，我只需要考慮自己的時間，只需要考慮銀行戶頭還剩多少錢，只需要考慮還能為塔須做什麼，就只是如此簡單，有沒有人知道，都甘甜自在。

我不曉得你的答案是什麼，但最近這一年來，或許，我漸漸找到了部分的答案。雖然只是「或許」，只是「部分」，但已經讓我無比喜樂。

我想要告訴你：如果沒有零下四十五度的酷寒，如何知道就算是二〇一三年到二〇一四年台灣的冬溫屢創新低，也是我們的幸福？

如果沒有十萬支針扎頭的高山症、一個月不洗澡、天天糌粑為食，甚至沒有廁所，如何體會日常生活的便利？

而且這份幸福的體會，拜網路世代通訊快速所賜，從二〇一三年開始，不再專屬於我所有。因為有更多的媒體，或平面、或廣電、或電腦臉書傳送著我的塔須夢和台東情，所以外界的好奇與讚譽如潮水般湧來，連過去的老東家大愛電視台都來跟拍了幾天，剪輯放映。

最開心的，還是讓我因而有了上山的夥伴，可以一起做好事。簡單的心意最純摯，簡單的行事最輕鬆。

猶記得二〇一二年時，因為上師堪祖仁波切發願重建的寺廟完工，許又心女士和iact連續兩年，二度跟我一起上山的小團隊，已經讓我雀躍不已，二〇一三年的專業醫護人

員團隊，對我而言，簡直就是豪華的饗宴了。

來自小學學童的鼓勵

媒體的報導，讓我得到了長期以來期盼，卻始終不可得的上山夥伴，也讓更多人認識了我。剛開始的感覺，當然是感動，有點害羞，再加上……好啦，加上一點點的虛榮，還有就是很多很多的開心囉。

所幸那虛榮最快消失，取而代之的是警惕和感恩，警惕自己千萬不要被一時的新聞浪頭沖

昏了腦袋，再繼續輕飄飄下去的話，我看就得幫自己掛診開藥了。

而將我拉回地面的力量之一，就是孩子。

如同一開始你問我的，為什麼買了藥帶上山義診還不夠，自二〇〇九年開始，還要再自掏腰包，負責當地學校六位老師的薪水？因為如果沒有孩子失學的痛苦，如何提醒我這麵攤之子，感念一路相挺的貴人，並將追求知識的喜悅回饋出去？

已經和我認識多年、熟悉我個性的聯合報台東駐地記者李蕙君，二〇一三年才首度大幅報導我的故事，引起許多的迴響，其中最窩心的，就屬新園國小一年甲班的學童了。

他們在班級導師的陪讀下，知道我即將上塔須，便利用兩天零碎的時間，完成簡單的書信，畫上心中「楊曼巴」幫塔須人看診的畫面，把信送到診間來給我。

那些信的內容簡單、可愛、溫馨又誠懇——

「希望您健健康康的，才可以幫助更多人。」

「我以後要像楊醫師一樣，到處幫助別人！」

「我沒有錢可以贊助你，但我要祝福你。」

我知道新園國小學童多數是貧困、隔代教養家庭的小孩，從他們稚氣的筆跡中，彷彿可見自己的童年，也想像得出一張張熱絡的臉孔，滿是寄望著長大，對於什麼叫做「做好事」，或許還似懂非懂，卻從不懷疑。

我看了很感動，蕙君更進一步徵得班導師的同意，帶了禮物去給孩子們，跟他們做了訪談，並且登在花東版上。

我很高興自己做的一點點事，能讓良善的種籽植入小朋友心中，這實在是原先意想不到的溫馨回饋，期盼他們心中的小小種籽，未來都能茁壯長大，讓愛源源不絕的延伸與擴散。

而蕙君的筆，並沒有就此打住，她徵得我的同意，將我的塔須經歷寫成兩萬字的文章，參加了公益信託星雲大師教育基金會所舉辦的第三屆全球華文文學星雲獎，獲得了報導文學獎的第二名。

稿子報名投出去之後，其實我們兩個也就沒有想太多，所以當她淡定地告訴我得獎消息時，我真的、是真的高興到從椅子上「大跳」起來，興奮雀躍的程度，還讓蕙君開玩笑說我好像比她這個得獎者還高興。

我實在是無法形容當時那複雜到極點的情緒。二〇〇六年第一次上山回來後，我老想著，我一個人到底能為那遙不可及又毫不相干的村子做什麼？

「癡人妄想」也曾是友人對我殘忍又誠實的提醒。這些年一路走來，曾經挫折、曾經懦弱、曾經退縮，總是一再的思索：這麼做，對嗎？值得嗎？後悔嗎？就連接受蕙君訪談時，都還不斷的問她，怎麼聽得下我這個無聊的人，嘮嘮叨叨的說著這麼一個無聊的故事？

而讓我連嘮叨都無法繼續的是，蕙君竟然左手才領了獎，右手便將得獎的獎金十五萬元，在扣稅後，全數捐助給我。

關於這一份獎，蕙君的感言這麼說：
「有幸加入聯合報團隊，有幸到台東擔任駐地記者，有幸認識台東馬偕醫院身心科楊重源醫師，才有機會發現這麼一個美麗感人的藏區義診故事。」
她想透過文字，將我內心飽滿的感動送進更多人心中，讓這份愛傳達到各個角落，發揮更進一步溫暖的效應。
我還能多說什麼呢？這份獎，給了我莫大的肯定，甚至是這本書得以成型，都靠蕙君文章的催生，若沒有這份肯定，我根本不敢想像自己的故事能夠寫成書。
而她轉贈的獎金，更因為她其實是用得上，卻把它捐出來的慷慨，而有了無限大的價值。

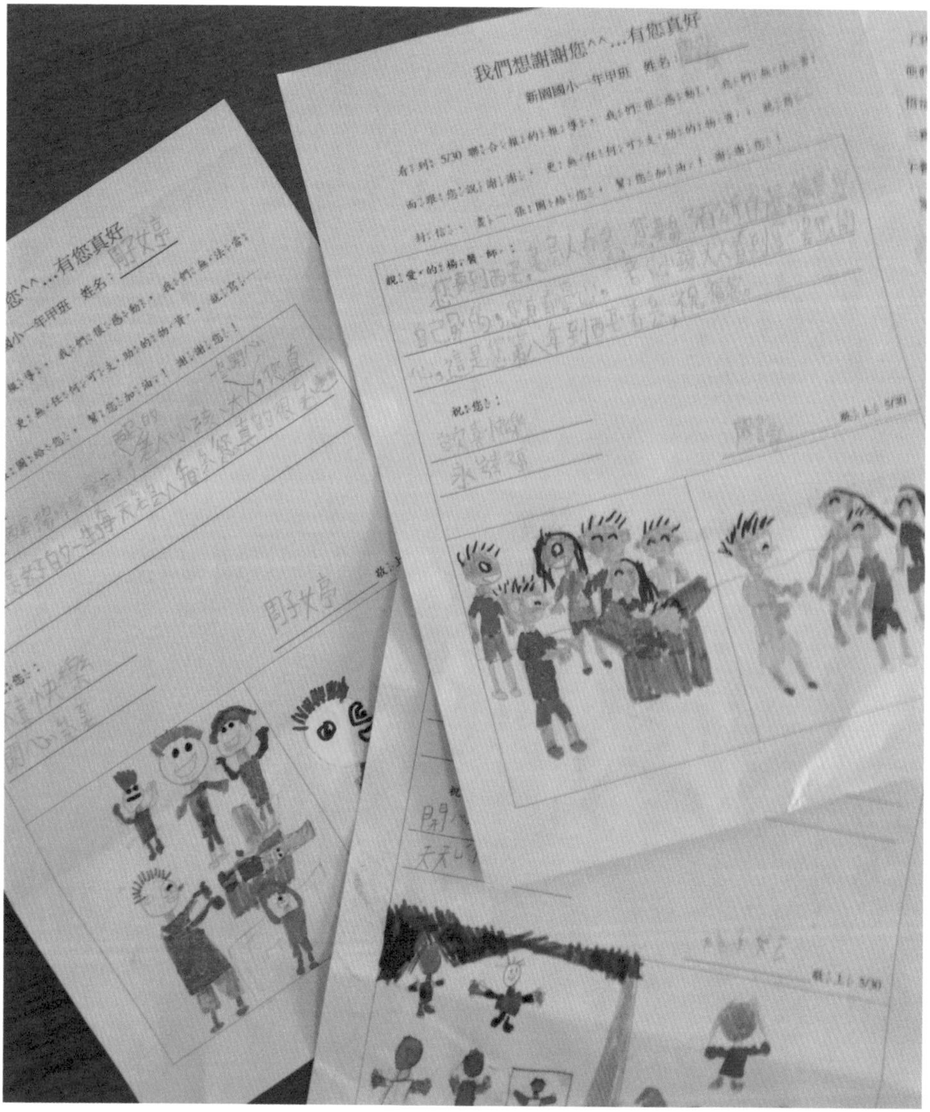

這些都是台東的孩子們寫給我的感謝信，而我卻要謝謝他們的鼓勵與支持，讓我有堅持下去的力量。

「楊重源，」私下，她一向這麼叫我：「你什麼都不用說了，這是我早就做好的決定，而且也不是給你的，〈川藏慈航的夢想實踐家〉這篇文章是建立在塔須的匱乏上，得了獎，當然要捐贈出來，做為你明年上塔須的醫療資金。」

活下去的希望

你問我，相較於我的自掏腰包，這筆獎金應該不算多吧？何以我如此感動？

因為蕙君說了很重要的一句話：「這篇文章，是建立在塔須的匱乏上。」她的襄助，如同四方給予我的溫暖，無價。

就像之前我面對的許許多多問題一樣，像是台東是大家公認的台灣偏鄉，為什麼我願意回來服務，而既然回來了，為什麼我不專心服務台東鄉親，每年還要抽出一個月的時間，遠赴西藏，出錢出力的照顧他鄉之人？

就如同我曾問過蕙君，怎麼聽得下我這個無聊的人，嘮嘮叨叨的說著這麼一個無聊的故事？之前，我也想過，真的會有人想要聽我的故事嗎？

現在我知道，有的，真的有人想要聽我的故事。而在更多人知道了這個傻故事，彼此分享生命中的故事，分享心中的感動，分享打氣的力量後，讓多了大家支持的我，一個人回家的路途不再孤單，內心不再寂寞。

我回塔須，救的不是病，而是命，我給藏民的也不是藥，而是活下去的希望！但這真的沒有什麼，一切都只是「剛剛好」而已。

剛剛好有個塔須，剛剛好我有這樣的能力，剛剛好這八年我有時間，剛剛好塔須需要的是我這份服務，剛剛好堅持下來，剛剛好有大家成就我滿滿的鼓勵、協助與支持，就促成了這「剛剛好一百分的幸福」！

「剛剛好」的需要，碰上我「剛剛好」的服務，讓我的心懂得謙卑，識得在這份幸福當中，最剛剛好的是，你在最美好的此刻認識了我，也讓我認識了你。

現在的我，連過去的挫折都感謝。因為如果沒有誤解和質疑，我如何坦然接受人人想法不同，就連實踐夢想的方式也可以如自助餐，不一定非要依照特定的模式？蓋廟與學、醫療濟貧、造橋鋪路、陪讀看護，各盡所能，各取所需，可以複製我的作法，找到屬於每個人的「塔須村」，也可以創造自己的「服務夢」。

就因為有一直或支持我、或監督我的你們，我知道我不是一個人，因為有大家愛的力量，讓我更努力更勇敢的去實踐。我期許自己，以服務有需求的人為目標。

我們在幫助人的時候，應該感謝被幫助的人。因為並不是我們在施捨給他們財物，而是他們在施捨給我們快樂。

對於夢想，有想過放棄嗎？
我常常如此問著自己。
十年匆匆，也是匆匆十年。如果選擇放棄，是否十三年前第一次上塔須時，就應該和所有曾經和我上山過的朋友一樣，下了山，也就離開了夢想城堡。回到了台灣，也回到了現實的世界，忘記了臉頰上感動的淚水，也忘記了曾經答應過的承諾。
一轉身的時間，十三年匆匆，也是匆匆十三年，我已經邁入人生的另一個階段，人生的夢想不能只是在「大腦」努力的規畫，不能光只是想啊想！要努力去實踐啊……
夏天到了，喜馬拉雅山上的雪融化了，草綠了，花開了，楊曼巴帶著願意傻傻答應陪我吃苦，成為與我攜手，一起走這條人生志業大道的伴侶Alice回來了……

因為愛，我決定以藏語「Karma」為名，成立「喀瑪國際慈善協會」，這名字代表著三種含意：星星、因緣和志業。

星星，意即這份愛不像日、月般偉大照耀大地，但期許我們能如不分白天黑夜，其實都默默閃耀的星星，指引著長夜漫行的人們，服務著需要幫忙的人。

因緣，象徵成就了我去塔須服務的過程。是因為過去承諾的誓言，提醒著我像候鳥般回家的眷戀；因為過去的相惜，讓我這一世有機會與你相識；因為服侍眾人的實踐力行，讓我們的愛更加豐沛。

而志業，則是期許以服務需要的人、事、物為中心目標，以服務他人的志業為協會精神。

從過去到現在，從現在到未來，我希望匯集志同道合熱情者的心意，送愛到塔須，也送到家鄉需要的人身上。

為什麼？

你曾經這樣問我：為什麼？為什麼要回台東？為什麼要上塔須？為什麼願意做這麼多的事情？

之前，我可能不曾想過，所以無法好好的回答。

現在，我可以很肯定的回答你，因為愛。

因為愛，所以感動；因為愛，所以分享；因為愛，所以實踐。

因為要與你相遇！

因為有你，夢想從此往更加圓滿，再前進一步。

這是KARMA的美麗LOGO。

Afterword

後記

致謝

付出的同時，也得到最多

這一世最關心我的家人

猶記得二〇一〇年那場無情的天災，真的是上天給我的考驗，直接受難的藏民不說，在台灣，首先就為我台東老家帶來一股低氣壓。阿母擔心著玉樹的災民，每天都為他們點燈祈福，當然，也擔心著我夏天回塔須的路途。於是在那年母親節家庭聚餐時，同樣擔心的老哥和妹妹，第一次明白地表示他們的心情。

「塔須或許真的是你過去那一世的老家，但我們卻是這一世最關心你的家人，今年你要安全地回去塔須，也要安全地回來台東。我們不會要你別去，因為我們了解你想去塔須堅定的心，所以會為你念佛祈福，相信佛菩薩一定會保佑你安全回來。」

這番難得從我大哥口中吐出的真心話，聽得我默默無語，也聽得妹妹紅了眼眶。過去，我和我哥最大的關聯就是：他是我哥，我是他弟。我們很少聊天，很少互動，在我心目中，他一直是個很酷，也有點嚴肅的大哥。自從老爸去世後，阿母總是提醒我和妹妹，長兄如父。老爸不在了，現在家中最大的就是大哥，小時候總是有點怕他的我，在老爸走了以後，和他之間好像又多了一種似近還遠的陌生。

至於妹妹，我總開玩笑說她是家裡的千金小姐，只是家裡窮，所以她這千金小姐是鍍金，不是純金的。老爸臨死前還擔心妹妹將來的生活，提著一口氣，就是要聽到我的承諾之後，才放心離去，真是讓我羨慕又嫉妒。

這樣的大哥，從我決定要年年上塔須後，每次出發前，總是拚命克服靦腆，一臉不好意思的說：「阿兄錢賺得不夠多，你也知道台北日子不好過，只能贊助你一點點錢，幫忙山上的好事。」

每次我下山後，他也總急著跟我要山上拍的照片檔案，太慢給他，還會跟我發脾氣，讓急著回復台東生活規律、實在沒有太多時間整理照片的我，有時都覺得莫名其妙，幾乎也要生氣起來。後來才知道，他總是很驕傲地與同事朋友分享我在山上的「大事業」，有圖有真相，他一定要用照片來說明。原來，他是如此的以我為榮。

妹妹也總是說她書讀不多，錢也賺不多，還是二哥聰明又好命，能賺錢，會幫人家看病，還會辦學校。

我真的是有福氣的人，我的阿母、老哥、大嫂、小妹、妹夫，老哥家的小姊姊、小弟弟，小妹家的小哥哥，就連我家的老狗楊麥可，全都認同我，也支持我上山。

愛的接力賽

二〇一三年，是我變動較大的一年，我依然在醫院看診，依然每週加總起來有兩天的時間，在台東縣內出診家訪，依然到了六月就準備拿一個月的年假去塔須。

不同的是，第七度上山，不再是我孤單一人，二〇一三年的上山夥伴，前後接力加起來，包括我在內，一共九個人。

他們有的跟我認識極深，見面頻繁，有的素昧平生，第一次見面就在要去塔須的機場，或者直接在塔須首度碰面。

團隊中，有平日在醫院同仁眼中，是個「玩咖」的外科醫生陳信愷，他和我初識於四年前我剛從塔須下山回台東，台灣剛剛經歷了無情的八八水災時。我和他及其他三位一樣年輕的住院醫師一起去台東金鋒災區巡迴醫療協助。一路上，他們好奇的聽著我分享塔須的夢想故事，我羨慕著他們無敵的青春，他們則羨慕我實踐夢想的勇氣。

當年四位年輕住院醫師都與我約定，希望未來能和我一起上塔須看看那夢想家園，其中這位陳信愷，一直記得二〇〇九年的承諾與約定，每次總是拜託我喬一下時間，讓他陪我上山去，而我每次也都覺得那是玩笑約定，從沒放在心上。倒是感謝他把當時的

上面的照片，從右至左，是我親愛的嫂嫂、阿母、姪女、外甥、妹妹、妹婿，下面這張，是我那自戀的黃金獵犬兒子楊麥可。

他們都有一個共同點，就是他們都愛我，都支持我上塔須。

戲言一直擺在心裡，畢竟有太多人總是草草承諾，早早忘記。

歷經三年他口中：「學長沒義氣，每次都棄我不顧，自己悄悄上山。」二〇一三年年初，他終於先斬後奏，開心的說他已經預約好六月下旬的年休假，讓我見識到這位忙碌外科住院醫師的誠意。

我問他：「好不容易排出來的年假，應該是去歐洲、美國或日本才是，怎麼要跟我去吃不好、沒得洗澡又有危險高山症的塔須？」

豪邁的答案是：「我已經下定決心，就是要上塔須，要上山，沒在怕的啦！」接著還調皮的說：「其他的事，上山碰到了，再克服吧！有你這個老學長在，怕什麼！」

好小子，敢說我老，果然是有上山去為村民服務的「憨膽」！

結果他的「憨膽」還不僅止於跟我上山而已，甚至在塔須開起簡單的手術病房，後來有朋友看到他手術過程的照片，驚呼：「這根本就是塔須版的『南方仁』嘛！」

真有這麼帥？看來我得找個時間來看看這齣日劇。

九人當中，只有陳信愷算是和我見面頻繁的，其他有的是久別重逢，甚至是素昧平生，第一次見面就在要去塔須的機場，或者直接在塔須首度碰面的。

像小學同學昱錦是二〇一二年十二月才在臉書相遇，我只知道他已經結婚，和太太Anna都是歌手，二〇一三年二月，主動稍來訊息詢問贊助塔須事宜，並應我上山的邀約說：「重源你好！發善心做善事的，還真的是你！非常不簡單，堅持下去更是難，能夠盡點微薄之力不足掛齒，已匯款請查收。若能跟隨你一同去當然很好，可是我們工作要到八月底結束，一切隨緣好了。」光憑臉書上不多的訊息交流，就把築夢金匯過來？對一個老同學而言，是多麼大的鼓勵啊！

他的贊助讓我這個傻子開始思考：欸，上塔須，好像不單我一個人覺得爽喔，好像真的有人開始認同我這個傻子做的傻事。

更讓我訝異的是，後來他們還真的排除萬難，推掉工作機會，犧牲休息充電的時間，少賺了好多好多錢，說他們要和我上山去感動我生命中的感動，並要我放下我隨即發作的職業病，不用擔心他們適應不了山上的高山症和無趣又貧窮的塔須。

「同學，其實我上山，最主要是想和你一樣幫助人，我們想帶一些禮物去送給小朋友，盡點心意。音樂創作是我們此行附加的意義，無聊其實是不用擔心的，我們可以坐著喝茶一整天。去藏區是我長久來的心願，而塔須村或許是緣分，雖然和朝聖有所不同，但是能夠去一個非常人能及的地方，也算是一種人生的挑戰。我們會盡量不成為你

Anna與昱錦在這裡用音樂帶給塔須村民另一種饗宴。

眾緣得以聚匯，是起源於上塔須這個「因」，而上塔須，是與上師結緣多年後的「果」。
二〇一四年三月二十九日，我的生命來到一個新的階段，上師堪祖仁波切為我與妻的文定帶來祝福，讓那天的美麗，有了最圓滿的溫暖。
正如同這本書，既是我有幸與上師結緣後的善果之一，也是與大家結緣的重要善因，願從此起，盡起善念，盡結善因，盡得善果。

的包袱，當然我知道一定還是少不了你的照顧啦。」

因為不想成為我的包袱，所以連太太生理期要事先排開這件事，他們都列入了考量，而且做了妥善的安排。

這對俊男美女，在海拔四千五百公尺的山上，讓我再度對人生的難以預料有了體認。因為如仙女妹妹般美麗的同學妻子，天天用文字寫著她對塔須的感動，用畫筆畫下她對塔須之美的感受，還用她的天籟美聲，唱著她愛戀的扎西德勒；雖然偶爾也會心悸胸悶喘不過氣來，但還是一樣的飄逸和優雅。

倒是她那平時帥氣、勇健、活力四射的少年郎夫婿，也就是我的小學同學昱錦，都還沒到塔須呢，就跟我當年一樣，開始虛脫得病懨懨；跟我不一樣的是，他可沒有一見塔須寺就奇蹟似的好轉，高山症折騰掉他一半的塔須生活。

所幸就在離開前幾天，他終於恢復正常了，馬上活力充沛的跟著阿嬤唱歌「尬」高音，逗得七、八十歲的老媽媽們羞澀得像荳蔻少女；他還敞開胸懷教著法會剛結束的年輕喇嘛們吹西洋小喇叭，即便他們還吹不成調，這畫面卻是那麼的和諧、自然與感動。

仙女妹妹Anna說：「有人認為塔須落後，因為沒有現今文明社會的任何精品；有人認為它貧窮，因為所到之處只有牛糞，牛油和牛奶算生活最高檔；有人認為它可憐，因為沒洗澡沒山珍海味……。在城市中，我們經常在迷惑的時候仰望天空，在困頓的時候求神求佛幫忙，而塔須就在這樣的位置，在最接近天空的地方，每個塔須人都是神佛的使者，他們教導你如何簡單的活在這個婆娑世界，然後得到最大滿足與幸福。」

昱錦則在我們下山的前一天跟我說：「謝謝你帶我們來塔須，來感受塔須的美麗，感動塔須人的真誠。唯一抱歉的，可能是我們倆根本沒幫上塔須什麼，反倒是塔須給我們太多、太多了。重源，真的謝謝你帶我們來塔須。」

短短的兩段話，同樣重重撞擊了我的心。隨著這幾年來的歲月，我初來乍到時的突兀感，早已經從外表轉入內心，甚至有時都不存在了，如今他們夫妻在這裡歌詠書寫，同行兩位攝影師則用鏡頭捕捉美景，我才發現，對耶，如果我覺得他們在塔須這裡似衝突，實和諧，那我不也一直突兀的出現在這四千五百公尺的高山上嗎？來七回了，我依然只會講一句藏語：扎西德勒。

不過語言重要嗎？我聽不懂你說的藏語，你聽不懂我說的台灣話，心，依然可以自然而然的交流。

七度塔須行，面對「你為什麼要上塔須？你想要幫塔須做什麼？」這些疑問，我或許還是沒有個確切的答案，但拜同學說要來感動我的感動的同時，我至少知道這九年，塔須豐富了我的生活，精采了我的生命。

將善行堅持到底

而前後接力上山的兩位護理師瓊瑛與Peggy，更是我最有力的夥伴，因為對於塔須的婦女而言，能有女性醫護人員上去，其意義，絕對不下於當初看到我這個「有史以來第一位西醫」的重大。

同樣的，雖是護理師，但我還是一樣擔心她們的身體狀況。

結果一個說：「楊醫師，你放心，我去過三千多公尺的地區義診服務過，吃的住的用的再差再髒再落後的地方，我都待過，沒在怕的啦！」

天啊，又是一個善良、勇敢又瘋狂的「怪咖」，一個堅持又勇敢的行善實踐者。

另一個說：「尊敬的楊醫師，真的很冒昧，但是不知道您的行程，可以再讓一位女性加入嗎？我本人是護理師，也多次參與包括印度、斯里蘭卡、菲律賓、四川、越南、寮國等地區的義診援助。環境艱險我知道，目前唯一不確定的，只有不知是否克服得了高山症，因為我沒遇過。非常冒昧，還請您見諒。」

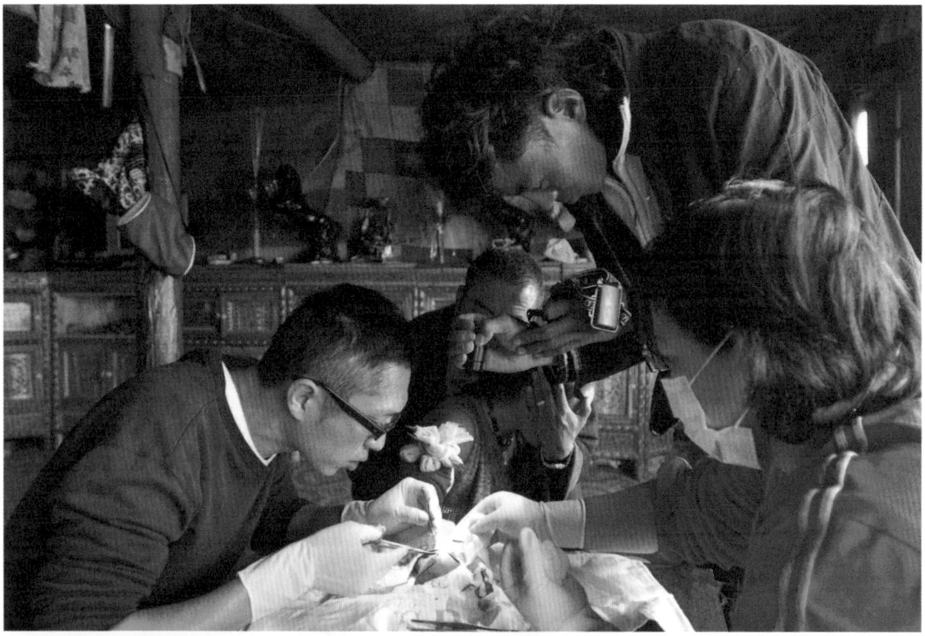

陳信愷醫師、女超人瓊瑛與奇女子Peggy，讓我的行醫路不再孤單。

她甚至在我實在無暇顧及他人行程的情況下，自己打理了一切，然後直接傳來訊息：「楊醫師，我訂到機票了，菩薩幫我找到很便宜的機票喔！塔須見！」

我想我當時的表情，一定像個下巴脫臼、自以為是的呆子。

這兩位護理師瓊瑛與Peggy，一位是我心目中粉勇敢、粉厲害、粉積極、粉不簡單的神力女超人，另一位是雙眸活靈活現，臉上始終掛著燦爛笑容的草原精靈。

女性疾病一直以來是我無法突破的關卡，直到這年夏天，因為有了她們隨行，協助診療及諮詢，讓我對女性病症上的需求，有了進一步的了解。

當地人極少有機會洗澡，婦女碰上生理期，衛生棉都是用到不能用才捨得換，一天頂多換三片，主要當然是為了省下一片最少一元人民幣的衛生棉片，不少女性因而罹患尿道感染疾病。

婦女疾病或許死不了，卻很折騰人！第一時間，也僅能給予有需求的女性口服抗生素，在女超人與奇女子的協助下，未來我考慮運用藥物調理，幫助當地女性減緩細菌感染，並已經計畫好，二〇一四年要幫當地女性，尤其是青少女，購置衛生棉帶上山，加強在地女性生理期衛生概念。

施者不慢，受者不貪

真心感恩一路以來相伴與相助的親朋好友，二〇一三年，我終於更加深刻體會那些得「金」字頭的領獎人，為什麼經常會被批評致謝詞又臭又長、毫無內容可言，實在是因為要謝的人、要謝的事情太多太多了，不用說給幾十秒，就算給幾十分鐘，恐怕也謝不完，而且還一定會有遺漏。

也難怪陳之藩先生早有先見之明，早早就為我們這些後輩準備了最經典的感謝辭：「要謝的人實在太多，那就謝天吧！」最經典，也最真誠。

施者不慢，受者不貪，是我最近聽到的形容善行，最撼動、最貼切、最警醒的一句話，因為大家有形無形的支持，讓我同時身為受者與施者。

回到台東邁入第九年，二〇一四年即將第八度上塔須，一路走來，恩人無數，怎麼謝都謝不夠，怎麼算都會遺漏，所以親愛的朋友啊，我們還是一起朝夢想繼續前進，你們的付出與鼓勵、幫忙和打氣，我都明白，也都銘記於心。

特別感恩之前的情路波折、幾度傷痕，我的心方得以更加柔軟清明，識見溫柔包容、至情至性、璀璨美麗的Alice，謝謝妳願意傻傻答應陪我吃苦，成為與我攜手，一起

走這條人生志業大道的伴侶。

妳如純白無瑕的哈達，我有幸披掛頸肩，寫下三生盟誓。

感謝天地，感謝大家，感謝，正在閱讀此書的你。

新版後記

再續前緣

二〇一四年五月，就這樣莫名其妙地出了《一切都是剛剛好》，也是記錄過去那些年的記憶，每每看到自己的書時，有一點點害羞，也有一點點驕傲。看著書本中的文字，描述著自己的故事，我……我竟然也有出書的一天啊！而出書後的生活，確實帶給我很多的「困擾」。雖然這些「困擾」是可以預期的，不過，我還是十分的「適應不良」。也許是自己當「精神科醫師」的職業病，我一直很珍惜自己私人空間的隱私和自由。當太多人認識我的時候，我常常處在一個不知所措的尷尬局面，不知道該如何自在地與這些不認識卻又某程度熟悉你的人互動。

所以常常只是我招牌的深酒窩加微笑回應，反正平常我幾乎宅在家。幸好後來也慢慢適應這樣尷尬的場面，三不五時會去台東誠品書店台東專區看看，看看自己的《一切都是剛剛好》身列其中，還是有那麼一點點「驕傲」的感覺。甚至也慢慢習慣自己的書

「存在」的事實。

二〇一八年十月，我在一個完全沒有被告知的情況下，意外地知道出版社即將「易主」了，我的書《一切都是剛剛好》不會再印製成書了。記得那時候的我，很憤怒，很生氣，很緊張，很無助。尤其在與出版社聯繫之後，上面所有的情緒，變得更加不愉快。沒有知名度的素人作者，就這樣被輕描淡寫地無視著，或許原出版社的工作人員沒有這種想法，可是在聯繫互動的過程中，我就是如此具體地感受到不被尊重。如果不是自己意外購書而知道這個既定事實，也許我再晚一兩個星期與出版社聯絡，關於《一切都是剛剛好》的一切，可能就這樣莫名其妙消失在這個世界了。

是啊！對於一個第一次出書的素人作者而言，我真的就是這樣嚴肅，慎重地看待這件事。

《一切都是剛剛好》它就像是我在文字世界中所創造出來的一個「孩子」，從今以後，這個「孩子」就要消失在真實存在的世界……。當然對於出版社而言，也許真的就是一個輕鬆平常不過的小事了，對我來說，這是一個多麼「殘忍」的事實啊！

我開始努力爭取和《一切都是剛剛好》相關的一切，而我也與太太商量後，決定自己花錢購買《一切都是剛剛好》的電子檔。因為對我們而言，它代表我在出版社出書的版本，我們想永久保留著做為自己生命的資產之一。是啊！對於生命中的某些人事物，我就是這樣莫名的固執己見啊！

而在《一切都是剛剛好》絕版事件發生的第一時間，謝謝健行文化主動與我聯繫。也因為第一時間給予我的鼓勵和支持，我當下就答應了重新出版的邀約，才有了現在《一切都是剛剛好》的新版本。

我想，再次看到《一切都是剛剛好》的重新上市，我還是同樣的有一點點害羞，也有一點點驕傲……

我也一直在想，《一切都是剛剛好》推出後，還會有人想購買嗎？會不會造成現在出版社的困擾呢？不過就像敏英說的，有機會讓《一切都是剛剛好》再印製上架，就有可能讓之前不認識這本書的朋友可以分享我曾經的感動，就像這本書的名字一樣，一切都是剛剛好……

再次感謝這段時間對《一切都是剛剛好》再重新面市過程中的協助與支持，希望曾經擁有的書友會喜歡這個新的版本。更感謝新的書友們對《一切都是剛剛好》的支持，感恩不盡。

CWAG

Y　角　度　　　0　2　0

一切都是剛剛好：

台東醫生在喜馬拉雅山塔須村的義診初心

（暢銷新版）

國家圖書館出版品預行編目（CIP）資料

一切都是剛剛好：台東醫生在喜馬拉雅山塔須村的義診初心／楊重源著. -- 初版. -- 臺北市：健行文化出版：九歌發行, 2019.06
272面；17×23公分. --（Y角度；20）

ISBN 978-986-97668-0-7（平裝）

1. 志工 2. 醫療服務 3. 喜馬拉雅山脈

547.16　　108006373

作　　者——楊重源
攝　　影——曾國倫、吳柏宏、王永年
責任編輯——曾敏英
發 行 人——蔡澤蘋
出　　版——健行文化出版事業有限公司
台北市105八德路3段12巷57弄40號
電話／02-25776564・傳真／02-25789205
郵政劃撥／0112295-1

九歌文學網　www.chiuko.com.tw

排　　版——綠貝殼資訊有限公司
印　　刷——前進彩藝有限公司
法律顧問——龍躍天律師・蕭雄淋律師・董安丹律師
發　　行——九歌出版社有限公司
台北市105八德路3段12巷57弄40號
電話／02-25776564・傳真／02-25789205
初　　版——2019年6月
定　　價——360元
書　　號——0201020
I S B N——978-986-97668-0-7

（缺頁、破損或裝訂錯誤，請寄回本公司更換）
版權所有・翻印必究　Printed in Taiwan